スコアが驚くほど縮まる イラスト図解版

パターが劇的に入る本

ライフ・エキスパート[編]

河出書房新社

まえがき

読むだけで、あなたのパッティングに革命が起こる!

ゴルフでもっとも使うクラブ。それはパターだ。ゴルフのスコアの半分から3分の1は、パット数が占《し》めている。プロゴルファーなら72ストロークのうち28～30ストローク、平均スコアが90～100のゴルファーならそのパット数は35～40ストロークというところだろうか。

ところが、これが同じアマチュアでも、シングルになると、パット数30以下でラウンドする人がざらにいる。なぜなら、彼らはパーオンはしなくとも、寄せワンでパーを拾ってくるからだ。パット巧者《こうしゃ》のシングルは、プロより1パットの数が多いというケースも珍しくない。

では、なぜ、パット巧者のシングルとアベレージゴルファーでは、パット数が5打も10打も違うのか？

練習量と経験値が違いすぎる？　たしかにそれはあるだろう。しかし、パットは、特別な力もいらなければ、ロブショットのような高等テクニックもいらない。狙った方向に、ほどよいタッチでストロークすれば、今日ゴルフを始めた人でもカップインするのがパッティングというもので、にもかかわらず、同じアマチュアの間でかくも大きな差があるのは、アベレージゴルファーには、ストロークの基本を理解していない人が多いこと。そして、メンタル面に問題がある人が多いからというしかない。つまり〝頭〟と〝心〟の問題である。

ストロークの基本を完全に理解し、心を〝平ら〟に保つことさえできれば、アベレージゴルファーのパット数が劇的に減ることは間違いない。

ショットの腕を磨《みが》くことで平均スコアを5～10打減らすのは、それこそ血のにじむような努力が必要だが、パット数を減らすのなら、そこまでの努力は不要だ。この本で紹介したストロークの基本を理解し、ラインの読み方やタッチの合わせ方のコツを知り、そして心の持ちようがわかれば、誰でもパット巧者になれる。それも、飲み込みのいい人なら1日で、だ。

そう、スコアをよくするには、パッティングの腕を磨くのが最短の近道なのだ。

この本は、これまでわれわれが上梓《じょうし》してきたゴルフ本シリーズから、パッティングについての項目を見直してブラッシュアップを行ない、さらに新たな項目を書き下ろして出来上がったものである。パッティングについては、ほかに語るべきことがないといえるほど、その内容には大きな自負《じふ》を持っている。

アベレージゴルファーはもちろん、パットに悩むシングルもこの本をひもといてほしい。あなたの悩みを解決してくれる答えが、きっと見つかるはずである。

ライフ・エキスパート

パターが劇的に入る本◎目次

Lesson 1
●まずは再確認！
アドレスの極意

Lesson 2
●気持ちよくカップイン！
ストロークの極意

Lesson 3
●迷いが消えていく！
距離感の極意

CONTENTS

Lesson 4

●イメージどおりに転がる！

ライン読みの極意

Lesson 5

●ここ一番に強くなる！

メンタル強化の極意

Lesson 6

●どんどん巧くなる！

練習法の極意

Lesson 1

●まずは再確認！

アドレスの極意

構え方の基本

パターのシャフトを使ったチェック法

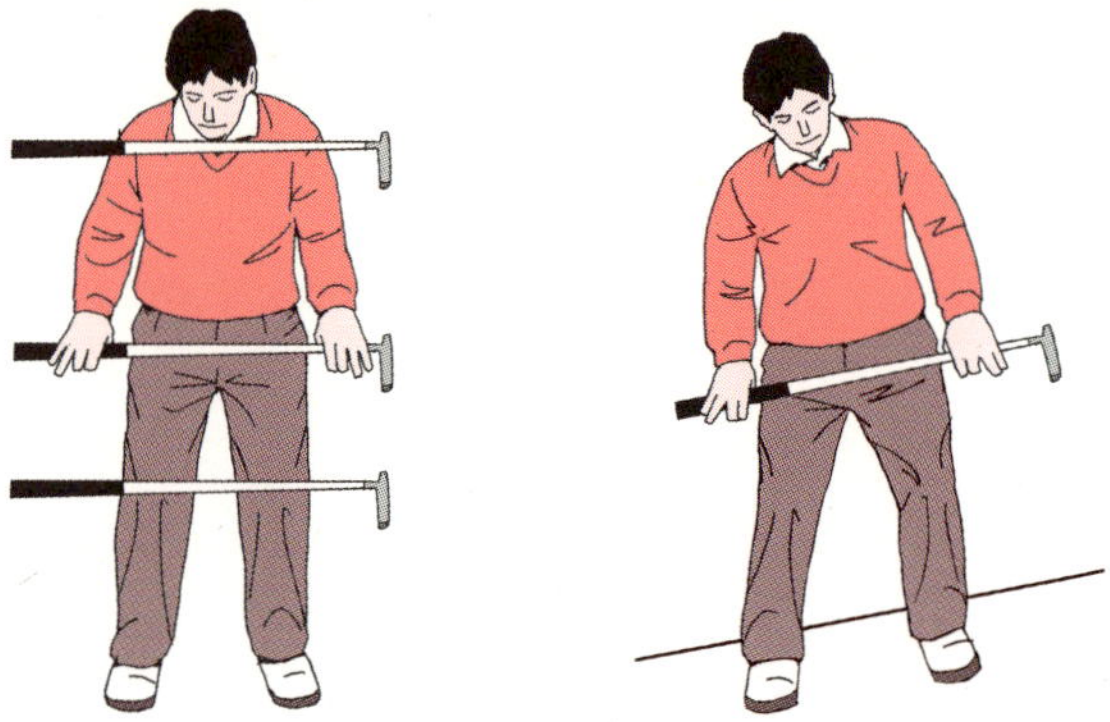

平らな場所でシャフトを腰、あるいは膝や肩のラインに当て、シャフトがグリーン面と平行になっているかをチェック。傾斜のあるグリーンでは当然シャフトも傾くが（右のイラスト）、グリーン面と平行ならOK

●肩と腕に余分な力を一切いれない

昔から「パッティングにスタイルなし」、といわれてきた。

へっぴり腰だろうと、猫背だろうと、ストロークの軌道がアウトサイドインだろうと、インサイドアウトだろうと、要はインパクトのときにパターのヘッド（芯）がボールとスクエアに当たり、狙った方向にイメージ通りのスピードでボールが転がりさえすれば、その構えは〝いい構え〟なのだ。

ただし、どんなスタイルであれ、再現性が高くなければ、安定したパッティングは望めない。そのためには、やはり守るべき基本がある。

パッティングの目的は、狙った方向にイメージ通りのスピードでボールを転がすことにあるが、そのためには、なによりストロークがつねにスムーズにできなければならない。インパクトで力が入ったり、あるいは緩《ゆる》んだりするのはとてもスムーズなストロークとはいえず、これでは距離感も方向も悪くなる。

では、スムーズにストロークするための条件とは何かといえば、まずは肩と腕に余分な力が一切入っていないことがあげられる。

重力に逆らわず、振り子のように自然に腕が振れること。

これが自然なストロークというもので、そのためには、肩や腕に力が入っていては絶対にうまくいかないのである。

●肩・腰・膝をグリーン面と平行に保つ

直立したままパッティングするゴルファーはひとりもいない。腕を振るためには、そのための空間が必要で、それには上体を前傾させなければならないからだ。

この前傾角度には決まりがない。ジャック・ニクラスのように、腰から90度近く上体を曲げるゴルファーもいれば、タイガー・ウッズのように、前傾角度が浅いゴルファーもいる。また、身体に余分な力を入れず、自然なストロークをするためには、膝《ひざ》も少し曲げたほうが自然だが、この膝の曲げ具合もゴルファーによって千差万別である。

しかし、上体の前傾角度や膝の曲げ方がどうあれ、パッティングの名手には共通点がある。

それは、たとえグリーンが傾斜していても、肩・腰・膝のラインがグリーン面と平行だということ。これが、右肩が上がっていればダウンブローになるし、右肩が下がっていればボールをこすり上げやすくなる。これでは、ボールの転がりが一定しないし、方向性も悪くなる。

ときどき、パターのシャフトを膝、腰、肩のラインに当てて、グリーン面と平行になっているかどうかチェックしてみよう。意識しなくても、いつでもそういう姿勢がとれるようになっていれば、あなたのカップインの確率はぐんとアップするはずだ。

両腕の形と頭の位置

●肩と両腕でつくる〝形〟を決める

パッティングのストロークについては、「肩と両腕でつくる五角形を崩さない」とよくいわれる。

これは、パターを持つときに両肘《ひじ》を曲げる構えをいう。両肘を曲げれば肩と両腕がつくる形は野球のホームベースのような五角形になる。このスタイルでは、パターを吊《つ》り気味に持つわけだ。

一方、「肩と両腕でつくるのは三角形」という構えのプロもいる。その代表はフィル・ミケルソン。彼は、両肘を曲げないでパターを握っている。その分、パターのシャフトは短くなり、彼の場合は32インチという短いシャフトのパターを使っている。

「五角形」がいいか「三角形」がいいかは、感覚の世界だから、どちらが正しいとはいえないが、とにかく自分のスタイルを決めたら、その形を崩さないようにすることが大切だ。

●スムーズにストロークできる〝頭の位置〟を見つける

パッティングのストロークにも、スイングと同じように、軸がある。それは、首の付け根から背骨→尾《び》てい骨にかけての1本のラインで、この軸を中心にして、両肩を縦に動かす（バックストロークで左肩が下がり、右肩が上がる。ダウンストロークでは右肩が下がり、左肩が上がる）というのが、もっともオーソドックスな振り子式のストロークだ。

問題になるのは、頭の位置。頭というのは重さが6キロ前後もあり、その位置が少し変わるだけで、ストロークの軌道が大きく変わってしまうからだ。

パッティングのストロークは、「真《ま》っ直《す》ぐに引いて、真っ直ぐ出す」というのが基本だが（厳密には、インサイドに引かれて、インサイドに抜けるが、イメージとしては、「真っ直ぐ～」でいい）、それがうまくできないときは、頭の位置を少し変えてみよう。

右に押し出す癖がある人は、頭（軸）を少し左にずらす。反対に左に引っかける癖がある人は、頭を少し右にずらすと、軸の位置が修正されて、スムーズに「真っ直ぐ引いて、真っ直ぐ出す」ことができるはずだ。

頭の位置を変えても、スムーズにストロークできないときは、肩の位置を少し変えたり、重心を高くしたり低くしたりしてみる。

あなたがもっとも自然に立てて、なおかつスムーズにストロークできる構えというのは、結局は、あなた自身が見つけるしかないのである。

●あなたはどちらのスタイル？●

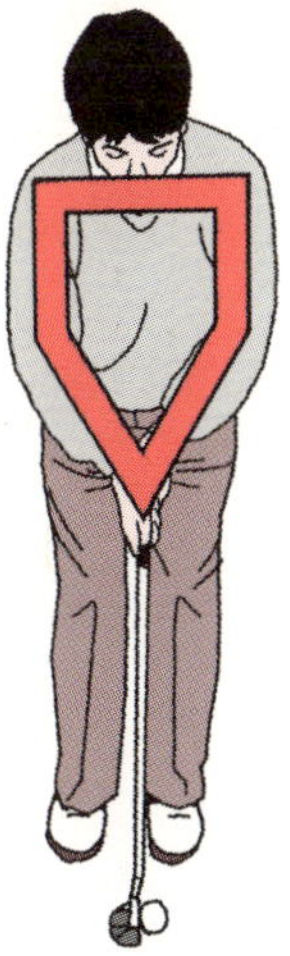

パターを持つときに両肘を曲げる「五角形」スタイル。長めのパターを吊り気味に持つ

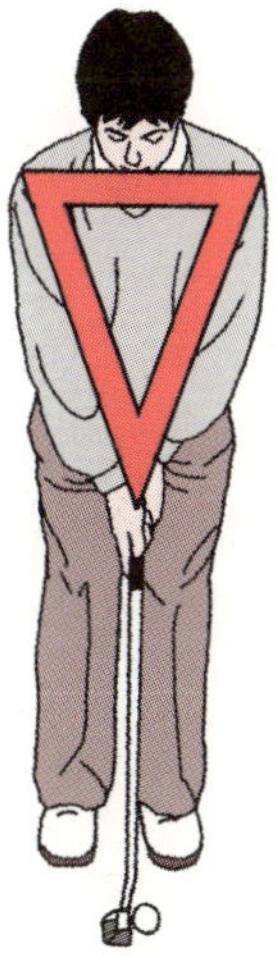

両腕を、ほぼまっすぐに下ろした「三角形」スタイル。短いシャフトのパターを持つ

スタンスの幅

●スタンスを狭くするメリット●

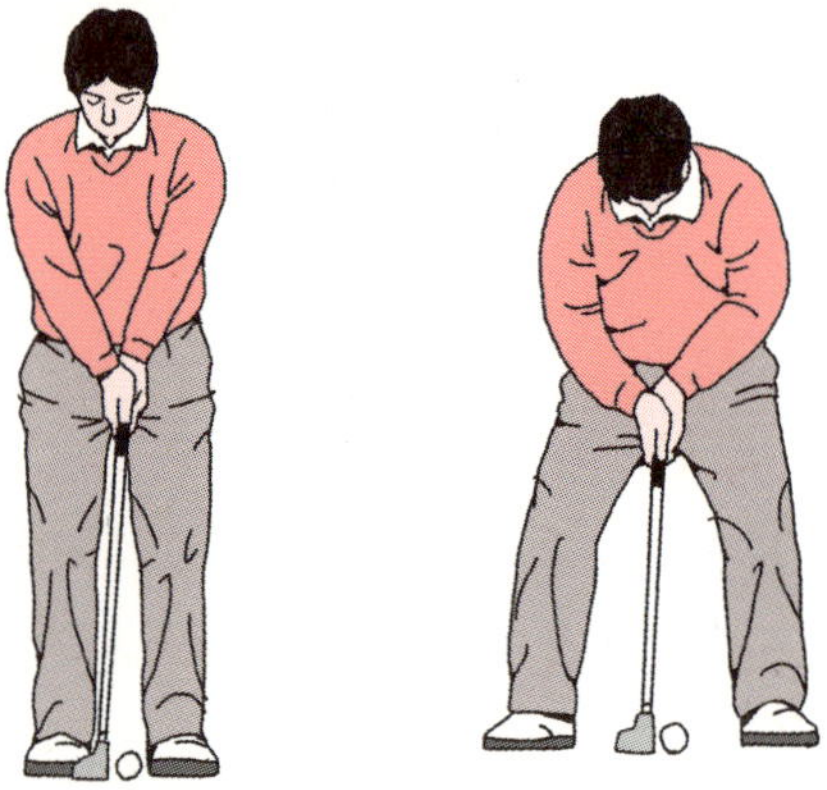

体の回転運動や微妙な距離、タッチの調整がしやすくなる。また、広いスタンス（右イラスト）より、目の位置が高くなるため、ラインも見やすくなる

●スタンスを狭くすると、ストロークがスムーズになる

ショットでは、ドライバーのように飛距離が必要なショットはスタンスが広く、アプローチなど距離が短いショットほどスタンスの幅が狭くなる。

これは、前者が下半身を安定させる必要があり、後者はそのほうが身体が回転しやすく、微妙な距離の調整ができるからだが、パッティングの場合も、スタンスについての考え方はショットと同じだ。

パッティングはドライバーのように下半身を踏ん張ったり、体重移動したりする必要はないのだから、スタンスを広くとる必要はない。実際、スタンスが狭いほうが、余計な力が抜けて腕もスムーズに動く。

最近は、スタンスの狭いプロが増えているが、これはグリーンの速さとも関係がある。速いグリーンでは大きなストロークをすることはめったになく、微妙なタッチが要求されるパッティングが多い。それには、スタンスが狭いほうが、タッチが出しやすいのだ。

さらに、スタンスを狭くすると、必然的に目の位置が高くなり、ラインが見やすいというメリットもある。

パッティングの上手いプロのスタンスは、だいたい両踵《かかと》の間が靴の幅でいうと1足分から2足分くらい。いろいろと試してみて、自分にとってベストのスタンス幅を見つけてほしい。

●幅広スタンスのメリットとは

パッティング時のスタンスは狭いほうがいいという話をしたが、幅広スタンスにももちろんメリットはある。

それは、下半身がどっしりと安定するということ。松山英樹プロのスタンスは、一時期ほどは幅広ではなくなったとはいえ、今でも肩幅より広い。

彼のストロークは、ゆったりとしたテンポに最大の特徴があるが、あのテンポをつねに守るためには、下半身が安定していなければならない。そのための幅広スタンスというわけだ。

幅広スタンスは、風の強い日にも向いている。体が揺れそうなほど風の強い日は、誰でもスタンスの幅が広くなるものだが、それはゴルファーが安定したストロークをするためには、下半身が動いてはいけないことを本能的に知っているからだろう。

●ショートパットはスタンスを広く、ロングパットは狭く

パッティングの距離に応じて、スタンス幅を変えるプロもいる。

ショートパットは、ヘッドを直線的に短く移動させたいからスタンス幅を広くする。一方、ロングパットは、ヘッドの移動距離が長くなる。つまり、振り子の振り幅が大きくなるわけで、そのためにはスタンスが狭いほうがいいというわけである。

ボールの位置

●ボールの位置はパターが通過する最下点

ここまでパッティングの構え、つまりスムーズにストロークできる構えについて述べてきた。

では、肝心のボールの位置はどこがベストなのかというと、じつは構えが決まれば、ボールの位置も自動的に決まるのである。つまり、その構えでストロークしたとき、パターのヘッドが最下点を通過するその場所。そこが、あるべきボールの位置なのだ。

あなたにとって正しいボールの位置を見つけるためには、

①ボールのないところで素振りをする。

②そのイメージをキープしたまま、実際にボールをセットし、素振り通りにストロークしてみる。

③ボールの位置をいろいろ変えてみて、パターヘッドの芯が最下点でボールをヒットする場所＝あなたのボールの定位置。

ということになる。つまり、ボールの位置に合わせてストロークするのではなく、もっとも自然にストロークできる位置にボールがあるようにスタンスを決めるというのが正解なのである。

●ボールのベストな位置とは●

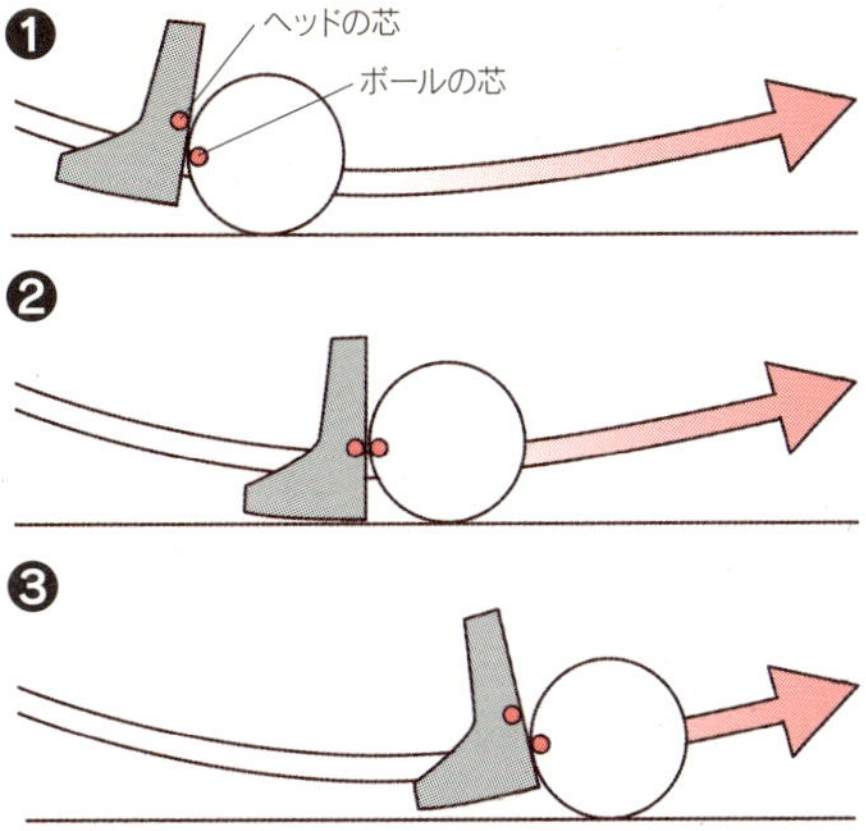

「パターのヘッドが最下点を通過する」場所（イラスト❷）がベスト。最下点を通過する前（イラスト❶）や、最下点を通過した後（イラスト❸）にボールがあると、ボールの芯にヘッドの芯が当たりにくい

●ボールの位置の決め方●

両目の間からボールを落とす

両目の間よりやや左足寄り、数センチ外にボールを置くプロも多い

●ボールの位置は〝両目の真下〟とは限らない

パッティングの際、ボールが正しい位置にセットされているかどうかを確かめる方法として、両目の間からボールを落下させてみるという方法がある。グリーンにあるボールに当たればOK。つまり「ボールは両目の真下にあるべき」というわけだが、じつはかならずしもそうではない。

アメリカでプロゴルファーのパッティング時におけるボールの位置を調査したところ、もっとも多かったのは「左目の真下から数センチ外」というものだった。

「左目の下」とは、両足の中心より左足寄りになる。そこにボールを置くプロが多かったのは、そのほうがフォロースルーが取りやすいからだろう。

また、「数センチ外」だったのは、そのほうがラインが読みやすいからだ（感覚がショットに近くなる）。

「左目の真下」か「真下より数センチ外」かは、あなたの感覚次第だが、「目の真下より内側」にボールをセットするのだけはやめたほうがいい。こうすると、ラインが読みづらいばかりか、ストロークが窮屈《きゅうくつ》になったり、「真っ直ぐ引いて、真っ直ぐ出す」こともしづらくなる。

目線とパットの出球の関係

●目線が身体の向きを決める

パットでボールを狙ったところに打ち出せない――。ゴルファーにとっては致命傷になりかねない欠点だが、その原因は打ち方ではなく、目線にある場合が少なくない。

パッティングの構えでは、想定したラインの真上に両目がくるというのが基本だが、イラスト❶のように、両目がラインの内側にあると、カップはラインの右にあるように見えるため、ゴルファーは無意識のうちに身体とパターのフェイスを右に向けてしまう。結果、右に押し出しやすくなるのだが、身体もパターのフェイスも右を向いていたのだから、押し出したのではない。右を向いて、真っ直ぐ打っただけなのだ。

反対に、イラスト❷のように、両目がラインの外側にあると、今度はカップがラインの左にあるように見えるため、ゴルファーは無意識のうちに身体の向きとパターのフェイスを左に向けてしまう。

つまり、ヒッカケやすくなるわけだが、実際は左を向いて真っ直ぐ打っただけだということがおわかりだろう。どちらも、打ち方が悪かったのではなく、目の位置と、それによって決まる身体とフェイスの向きが悪かったのだ。

●両肩と両目はラインに平行に

構えもボールの位置もOKなのに、パットが思った方向に打ち出せない。その原因としてアマチュアにもっとも多いのが、身体が明後日《あさって》の方向を向いているということである。ショットでも目標に対して正しくアドレスするのは難しいものだが、たとえ数メートルのパッティングでも、目標に対して正しく立つのは意外に難しいのである。

身体の向きは、想定したラインに平行に、というのが基本だ。なかにはオープンスタンスのほうがラインが見やすく、スムーズにストロークできるというゴルファーもいるけれど、それでも、両肩を結んだ線は、ラインに対して平行なはず。なぜなら、ストロークの軌道は両肩を結んだ線によって決まるから、この線がラインと平行でないと、狙ったところにボールを転がすことはできない。

さらに、両目を結んだ線も、ラインと平行であるべき。ラインを確認するときは、ストロークの支点となる首の付け根の角度を変えずに、顔を目標方向に向けて行なうが、このとき、両目を結んだ線がラインに平行であれば、違和感なくストロークできるはずだ。

●真っ直ぐ打てない原因は両目の位置にあるかも…●

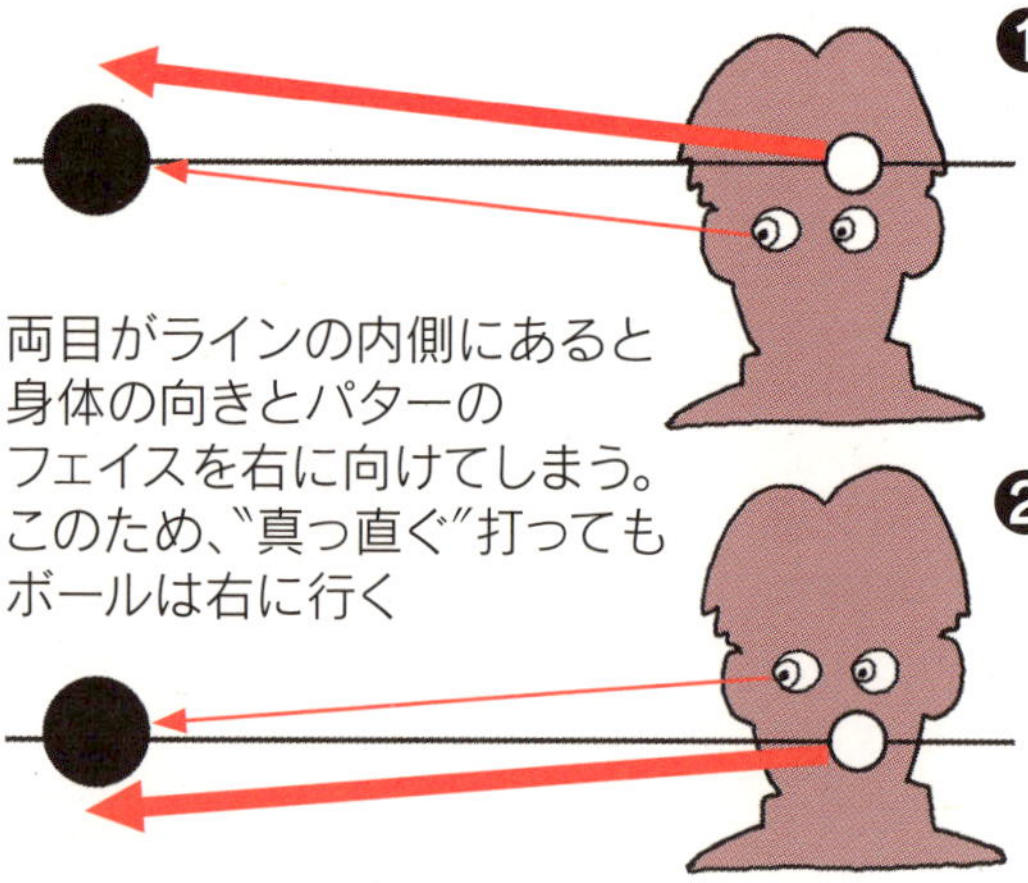

両目がラインの内側にあると身体の向きとパターのフェイスを右に向けてしまう。このため、〝真っ直ぐ〞打ってもボールは右に行く

両目がラインの外側にあると、体の向きとパターのフェイスを左に向けてしまう。このため、〝真っ直ぐ〞打ってもボールは左へ行く

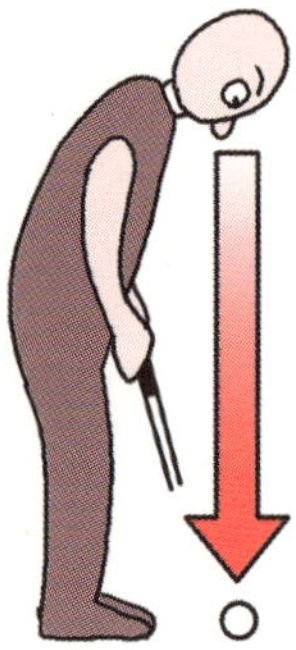

「想定したラインの真上」に両目を置くのが原則

スタンスの向き

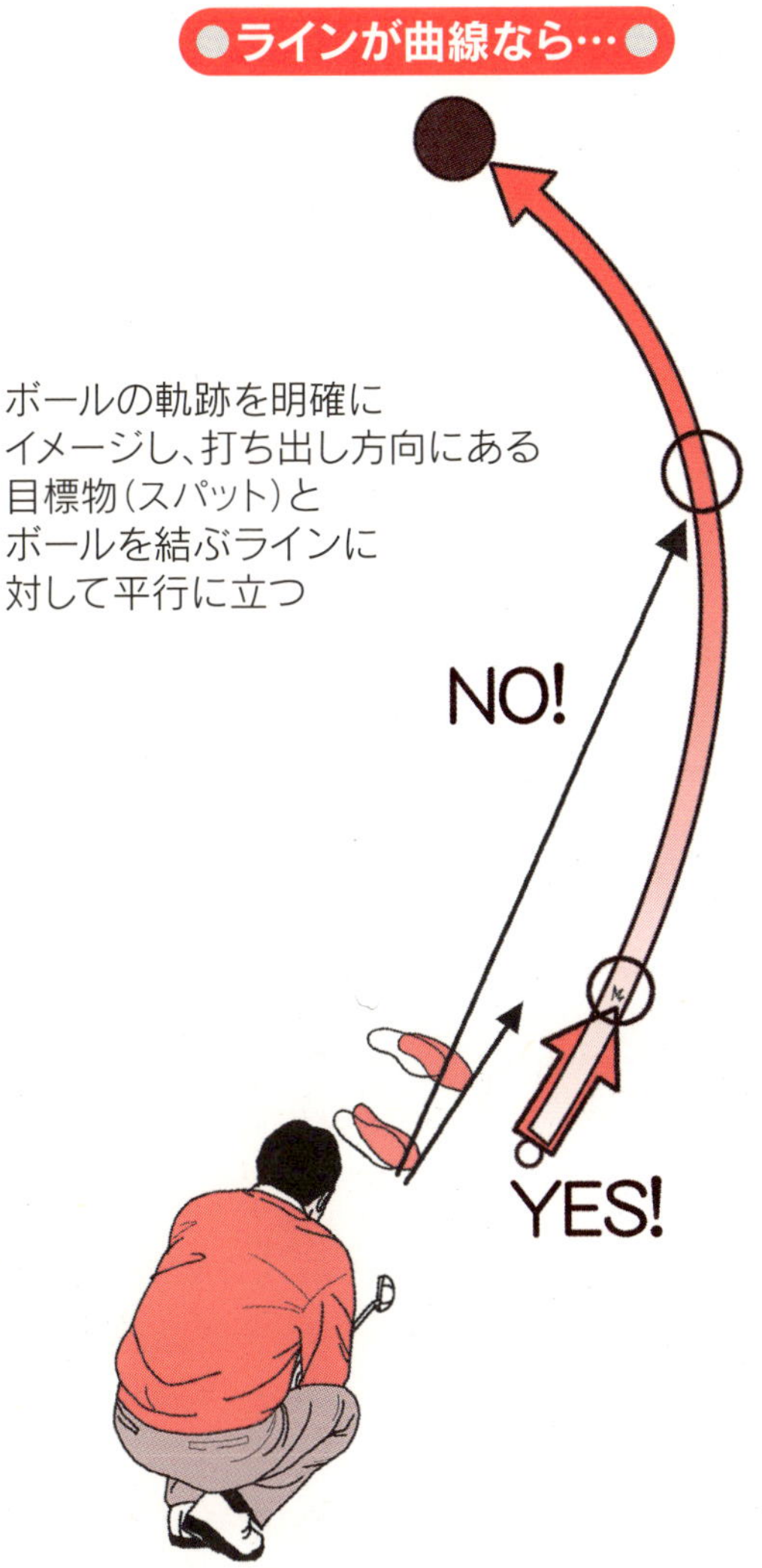

ボールの軌跡を明確にイメージし、打ち出し方向にある目標物(スパット)とボールを結ぶラインに対して平行に立つ

●曲がるラインは、スパットとボールを結んだ線に平行に立つ

両肩と両目がラインに平行だとして、次はスタンスの向きである。

もちろん、このスタンスもラインに対して平行であるべき。ラインが直線なら平行に立つのはそう難しくはないが、問題はラインが曲線という場合だ。

ラインを想定するとき、たいていのゴルファーはボールの後ろからカップを見てラインを決める。ラインが決まったら、そのラインをグリーンに直接、チョークか何かで描《か》き込むくらいのつもりで、明確に描くことが大切。頭のなかにラインが明確にイメージできていない限り、そのラインに平行に立つことなどできるはずがない。

では、そのラインが曲線の場合はどうすればいいか?

こんなときは、ボールとブレイクポイント(曲がりの頂点)を結んだラインに対して平行に立つゴルファーが多いが、これは間違い。正しくは、ボールと手近な目標物(スパット)を結んだラインに対して平行に立つべきなのだ(スパットの設定の仕方については65ページを参照のこと)。

どんなに曲がるラインでも、打ち出してしばらくはボールの勢いで真っ直ぐ転がる。それを折り込んで打ち出す方向を決めるわけだが、その際の最初の通過点となるのがスパット。そのスパットを狙い通り通過させても入らなければ、ラインの読みが間違っていたか、タッチが違っていたかのいずれか。立ち方のせいではないのだ。

●傾斜とボール位置の関係

フックラインなら軽いツマ先上がり、スライスラインならツマ先下がりの斜面にスタンスをとることが多い。斜面にスタンスをとる場合でも、構えや打ち方は変わらないが、間違えやすいのがボールの位置だ。

ボールを目の真下に置くタイプの人が、ツマ先上がりのライでボールを目の真下にセットしようとすると、実際はラインより内側になってしまう。反対に、ツマ先下がりのライでボールを目の真下にセットしようとすると、ラインより外側になってしまうのだ。

ボールは、目とボールを結んだ線がグリーンに対して垂直になるような場所になければならない。つまり、ツマ先上がりなら、ボールは目の真下より外、ツマ先下がりなら、ボールは目の真下より内側にセットするのが正解なのである。

フェイスの向き

●パッティングの最重要点

パッティングで、もっとも大切なこと。それは、パターのヘッドを打ち出したい方向に対してスクエアにセットする、ということである。

ラインの読みもタッチも完璧だとしても、フェイスが打ちたい方向を向いていなければ、ボールは絶対にカップインしない。

しかし、パッティングでは、じつはこれがいちばん難しい。

杉並学院高校ゴルフ部の元監督で、石川遼や園田俊輔らを見いだした吉岡徹治氏によると、ジュニアゴルファーの7割は、目標より左にフェイスの向きをセット、2割が右で、目標に対してスクエアにセットできる子どもは1割しかいないという。その1割の子どもは、天性の才能に近いものがあるという。

では、天性の才能に恵まれない9割のゴルファーは、どうすればパターのフェイスをスクエアにセットできるのか?

ひとつの方法として、ボールの赤道上に線を描き、その線に対して直角になるようパターのフェイスをセットするというやり方がある。問題は、最初にセットした線が正しい方向を向いているかどうか、フェイスの向きが変わらないようにボールをヒットできるかだが、それについては後述する。

ともかく、パッティングでもっとも大切なのは、パターのヘッドを打ちたい方向に向けるという〝初期設定〟にある。

逆にいえば、この初期設定が間違っているゴルファー、つまりフェイスが右や左を向いているゴルファーが、それでもカップにボールを沈めることができるのは、ストローク中に、どこかでフェイスの向きを修正しているということになる。

なかには、それを意図してやっているゴルファーもいるだろう。そういうゴルファーは、たとえばフェイスが左を向くクセは変えられないとあきらめ、それならそれで、どうすればスクエアにインパクトできるかを自分なりに工夫したわけだ。

たしかに、その努力と工夫は称賛に値《あたい》するとしても、はっきりいって、これはあまりにも遠回りなやり方というしかない。それに、自分なりの方法を見つけたとしても、ストロークの仕方が複雑になる分だけ、再現性に乏《とぼ》しくなるのは否《いな》めない。

パターのフェイスをスクエアにセットすることは、パッティングの命綱だ。それができないゴルファーは、三角定規をフェイスに当ててみるなどして、ふだんから自分の〝スクエア感覚〟を磨くことをおすすめする。

●フェイスをスクエアにセットする方法●

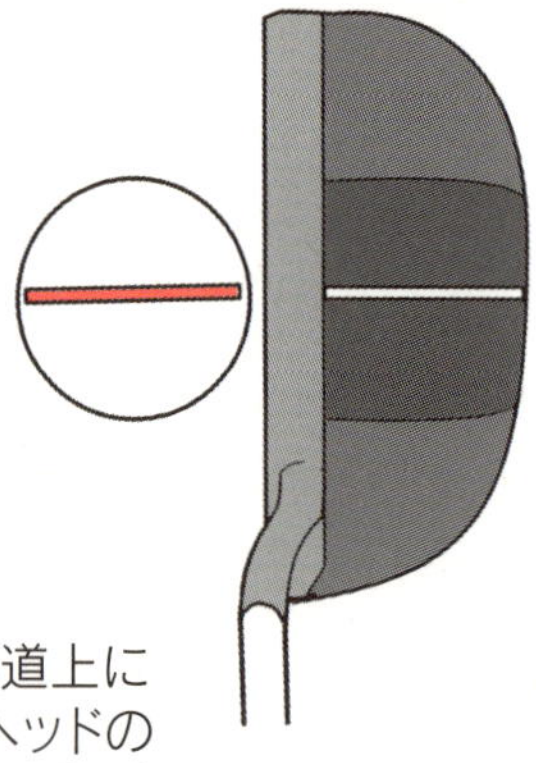

ボールの赤道上に線を描き、ヘッドの芯にある線と「1本」になるようにセットする

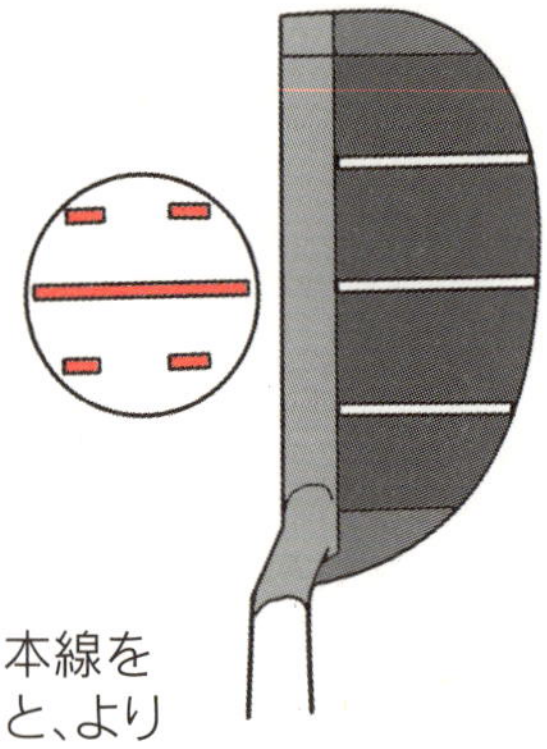

ボールに3本線を描いておくと、より正確にセットできる（3本の線を描くための器具も販売されている）

フェイス面のセット

●フェイス面のセットの基本●

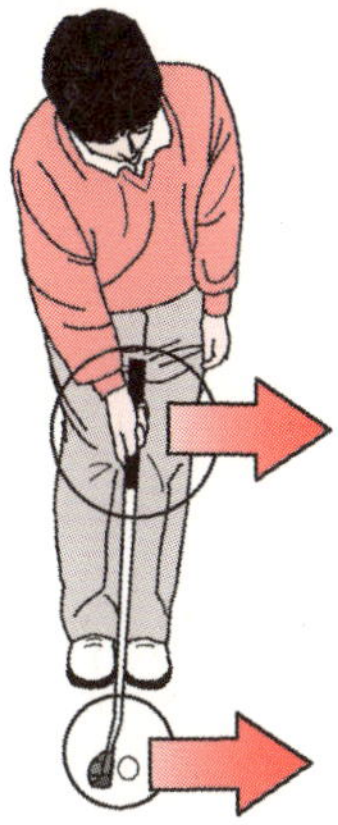
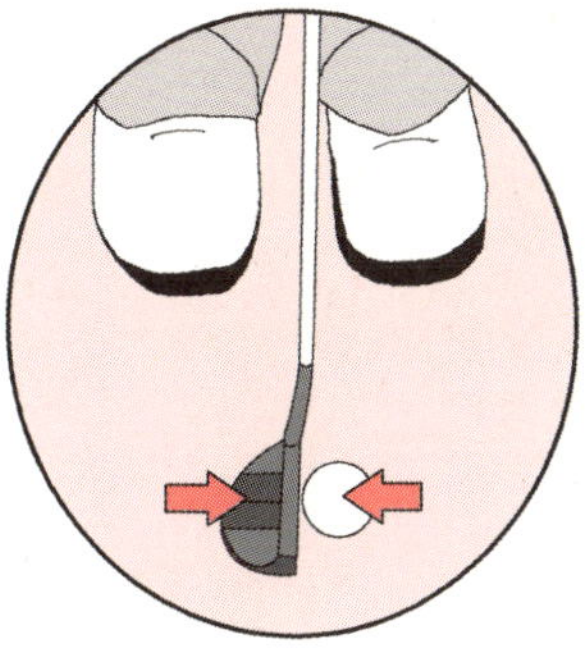

目標方向に対し、右の手のひらとフェイス面が同じ方向を向くようにセット。パターのフェイスをボールに合わせるときは、くっつくぐらいピッタリに

●右手でセットするのが基本

パターのフェイス面を目標方向に正しくセットするには、右の手のひらとフェイス面が同じ方向に向くようにして右手1本でパターを握り、フェイス面と目標（スパット）を結んだ線がスクエアになるようセットする、というのが基本的なやり方である。

右手1本でフェイス面をセットするのは、利《き》き腕を使ったほうがより正確にセットできるからだ（利き腕が左という人は、左手でセットしていい）。

あとは、インパクト時のパターのフェイス面がアドレスしたときと変わらないよう意識してストロークする。最初のうちは、第三者にパターのフェイスがきちんと目標方向を向いているか、チェックしてもらうといい。

●フェイスをセットしてから、スタンスを決めてもいい

前に、スタンスの向きは、出球のラインと平行になるという話をしたが、ここでは、順番を変えて、フェイスを出球のラインにスクエアに合わせてから、スタンスを決めるという方法を紹介しておこう。ゴルファーによっては、そのほうがスムーズにストロークできる場合もある。

まず、ラインを読んだらスパットを見つけ、ボールの後方から出球のラインを目に焼きつける。

次に、出球のラインをイメージしながら、まずは右手だけでパターを持ち、フェイス面を出球のラインにスクエアに合わせる。そして、左手を添えてグリップを完成させる。

あとは、セットしたフェイス面を1ミリたりとも動かさないようにして、スタンスを決めればいい。

この場合、スタンスの向きは結果としてオープンになってもクローズになってもいい。要は、当人がフェイスの向きが変わらない状態でストロークしやすければそれでいいのだ。

この方法で大切なのは出球のラインを強くイメージすること。この、スパットまでの数十センチのラインに、ボールを乗せることができるかどうか。

パッティングの成否は、すべてこの数十センチにかかっているのだから。

●ボールとパターのフェイスはぴったりつける

アドレスでパターのフェイスをボールに合わせるとき、ボールとフェイスが数センチでも離れていると、それだけで芯に当てることが難しくなる。

パターの芯（スウィートスポット）というのは、思いのほか小さいもので、軌道が1センチでもズレると、芯を外しやすくなる。芯に当てるためには、とにかくボールとフェイスがくっつかんばかりにピッタリ合わせること。

逆にいえば、それくらいストロークの軌道というのは狂いやすいということである。

アドレスのバリエーション

●気持ちだけハンドファーストに構える

プロゴルファーには、パッティングのグリップの位置がやや左の太股《ふともも》寄り、つまりシャフト1〜2本分ハンドファースト（シャフトを少し左に傾ける構え）にしているプロが多い。

これには、3つの理由がある。

①パターの構造上の理由で、パターにはソールを地面にぴたりとつけると、シャフトが少し左に傾くようにできているものが多い。

②少しハンドファーストに構えたほうが、スムーズにヘッドを目標方向に出せる。

③ストローク中は手首の角度をキープすることが大切だが、ハンドファースト気味に構えると左手首がロックされて、パターのフェイスとの一体感が出る。

「フォワードプレス」といって、いったんグリップを左に押し出してからパッティングのストロークを始める方法がある。これもスムーズにストロークするための方法論のひとつで、最初からハンドファースト気味に構えるのと理屈は同じである。

●ロングパットは前傾を浅くする

ロングパットでもっとも大切なのは、距離感。そのタッチを出すためには、上体の前傾角度を〝入れにいくパット〟より浅めにしたほうがいい。

こうすると、カップまでの距離やラインがつかみやすくなり、腕も振りやすくなる。

●速いグリーンでは、パターを吊り気味に

プロゴルファーには、速いグリーンではわざと「薄く当てる」ことで、ボールの勢いを殺し、遅いグリーンでは「厚く当てる」ことで、ボールの転がりに勢いをつける人もいる。

といっても、ストローク幅を変えたり、ヒットするときの力加減を変えたりするわけではない。グリーンが速いときは、パターを少し吊り気味にして（パターのソールを少し浮かせて）、いつも通りにストロークする。すると、パターの芯のやや下でボールをヒットするため、ボールの転がりが少し悪くなる。これが「薄く当てる」という意味である。

反対に、グリーンが遅いときは、パターのソールが芝に触れるくらいに構えてストロークすると、同じ振り幅、タッチでも「厚めに当たり」、ボールの転がりに勢いが出るというわけだ。

●ハンドファースト気味に構える●

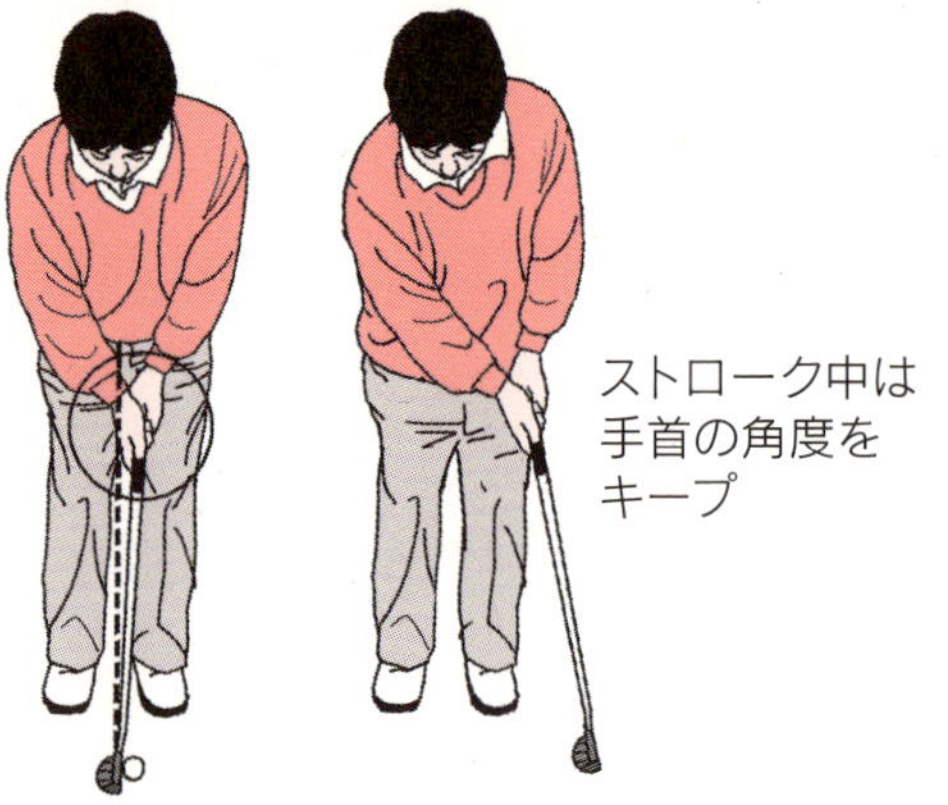
ストローク中は
手首の角度を
キープ

グリップの位置はシャフト1〜2本分
左のもも寄りに

●芝の速さに応じた構え方●

速いグリーン
遅いグリーン

速いグリーンはパターを吊り気味にする分、
わずかに上体は起きる。遅いグリーンでは
パターのソールが芝に触れるくらいに構える

グリップの基本

●「両手のひらで包むように」握る

「パッティングにスタイルなし」という格言をもっとも端的《たんてき》に物語っているのが、グリップだろう。

この本では、もっともオーソドックスとされる逆オーバーラッピンググリップを中心に説明していくが、理想のグリップをつくるためのポイントは、後述するような変則的なグリップにも共通することが多い。

まずは逆オーバーラッピンググリップの基本的な握り方だが、それは「両手のひらで包むように握る」ということだ。

ショットの場合は、フェイスローテーションをスムーズにしたり、パワーをムダなくボールに伝えるため、オーバーラッピンググリップにしているゴルファーが多いが、パッティングの場合は、フェイスローテーションをする必要も、パワーをボールに伝える必要もない。自分のイメージやフィーリングをヘッドに伝えればよく、そのためには、パターとゴルファーの唯一《ゆいいつ》の〝接点〟であるグリップがパターと一体化していたほうがいい。それには「両手のひらで包むように握る」方法がベストというわけだ。

●左手甲はターゲットに向ける

「両手のひらで包むように握る」具体的な手順を説明しよう。

まず左手だが、ショットの際のグリップより指の関節ひとつ分、手のひら寄りにパターのグリップを当て、親指はグリップの真上に乗せる。

右手は、小指と薬指を左手の人さし指の下にもぐりこませるようにして、親指はやはりグリップの真上に乗せる。あるいは、右手から先に握り、そこに左手を被《かぶ》せるように握ってもかまわない。こうして他の指を自然にグリップに巻きつかせれば、逆フィンガーグリップの完成である。

グリップをこの形にすると、構えたときには、両手のひらがちょうど向かい合わせになっているはず。つまり、左手の甲がきちんとターゲットに向き、右手の甲はそれとは反対になっているわけだ。

これによって、あなたの左手の甲は、パターのフェイスと一体化する。さらに、右手の〝押す力〟がスクエアにパターからボールへと伝わり、結果としてボールはターゲットに向かって真っ直ぐに転がっていくのである。

●逆オーバーラッピンググリップとオーバーラッピンググリップ●

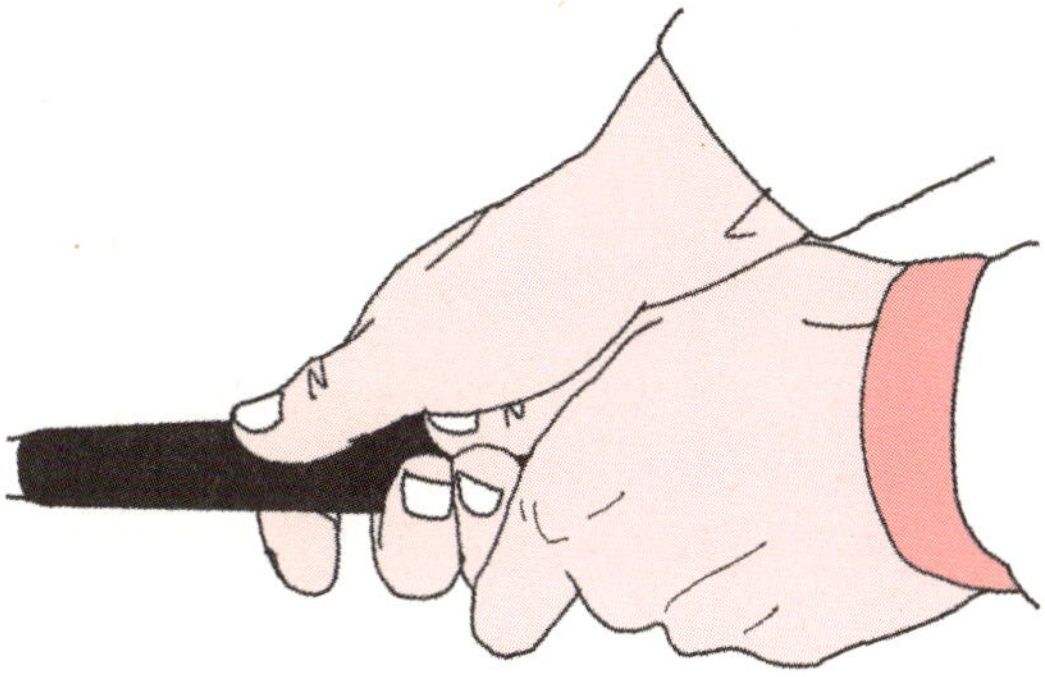

逆オーバーラッピンググリップ

オーバーラッピンググリップ

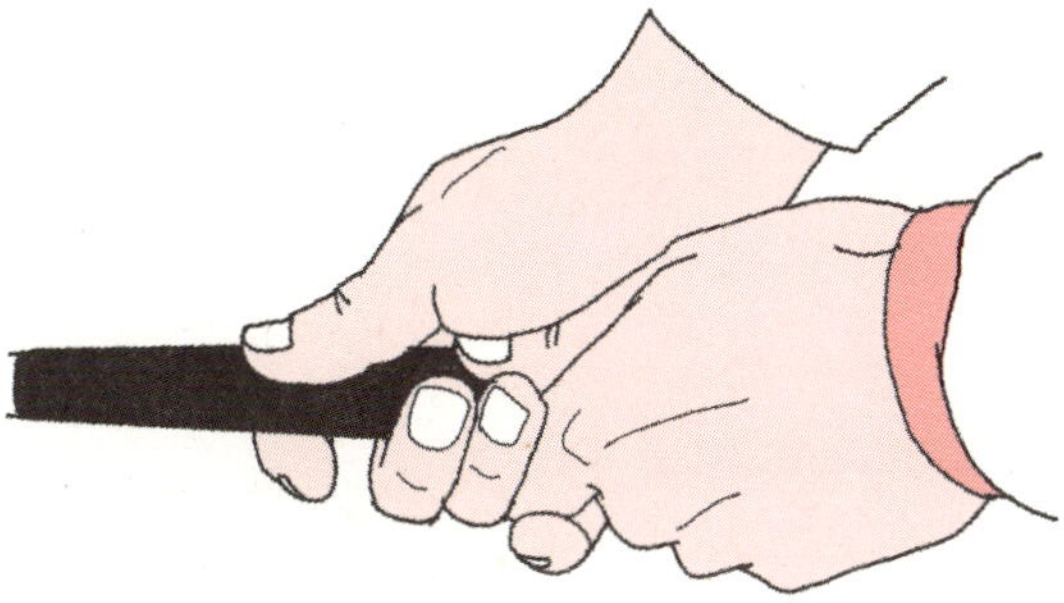

グリップ・プレッシャー

グリップを握る強さが変わってしまう人は…

ストローク中にグリップ・プレッシャーを変えてしまうと、引っかけや押し出しといったミスを誘発しやすい。どうしてもグリップ・プレッシャーが変わってしまうという人は、「最初から強く握り、そのままキープして打つ」のも手

●握る強さは〝弱すぎず強すぎず〟

グリップで握り方に次いで重要なのは、グリップ・プレッシャー、つまり握るときの強さだ。

たとえばパットの名手として知られる青木功プロは、「左手の小指と薬指と中指が白くなるくらい強く握るべし」といっている。そうかと思うと、タイガー・ウッズは「1〜10の尺度でいえば、5くらい。ゆるめのグリップはテンションを和《やわ》らげ、パターヘッドの動きをスムーズにしてくれる」といっている。

どちらが〝真実〟なのか、といえば、これはどちらも真実なのだ。青木プロの場合は、タップ式といって、パチンとボールをヒットする打ち方だから、左手でパターをしっかり握っておかないと、パチンと打てない。

一方、オーソドックスな振り子式では、きつく握りすぎると腕や肩にも力が入ってストロークがギクシャクしてしまう。

かといってゆるく握りすぎると、パターとの一体感がなくなってイメージが出なくなったり、ストローク中に手首が曲がり、ストロークの軌道が不安定になったりする。

結局、パターのグリップ・プレッシャーは「弱すぎず、強すぎず」というところに落ち着く。あなたも、

①ヘッドの動きが感じられる
②ストローク中、手首が折れない

のふたつのポイントに留意して、あなたにとってベストのグリップ・プレッシャーを見つけてほしい。

●グリップの強さは、ストローク中は不変

ロングパットで思わずパンチが入ったり、ショートパットでインパクトが緩《ゆる》んでしまったりする原因のひとつに、「ストローク中にグリップ・プレッシャーを変えてしまう」ということがある。

ストローク中にグリップ・プレッシャーを変えてしまうと、パターのフェイスの向きが変わって、引っかけや押し出すなどのミスを誘発したり、イメージしたタッチが正確にボールに伝わらず、大オーバーや大ショートの原因になったりする。

グリップ・プレッシャーが変わってしまうのは、たいてい精神的なプレッシャーのせいだが、そうならないためには、最初からグリップをこれ以上強く握れないというくらいに握っておくという方法もある。

「中」にしておくと、「強」にも「弱」にもなるが、最初から「強」にしておけば、あとはそれをキープしさえすればいいというわけ。パッティングはシンプルであるに越したことはなく、これはこれで、ひとつの方法といえる。

ヘッドの動きを感じにくくなるというデメリットはあるけれど、プレッシャーに弱い人は、試してみる価値はある。

左右の人さし指

●右手の人さし指を伸ばすと、方向性がよくなる

もっとも一般的な逆オーバーラッピンググリップでは、右手の人さし指をショットと同じく、ピストルの引き金を引くような形でクラブに引っかけているゴルファーが多い。しかし、深堀圭一郎プロのように、右手の人さし指を伸ばす握り方もある。

こうすると、手とパターの一体感がより強くなり、パターヘッドを思った方向に出しやすくなるのだ。

右手の人さし指はまっすぐに伸ばして、パターグリップの右側面にぴたりと当ててもいいし、指先だけはグリップのやや下側にあてがうのでもいい。

右利きのゴルファーの場合、パッティングのタッチは右手で出すタイプが多いはずだが、人さし指を伸ばすことで右手の感覚がより鋭くなり、方向性の精度も高まるというわけだ。

●左手の人さし指を伸ばすと、左手首がロックできる

パッティングの原則のひとつに、「手首を使わない」というものがある。手首を使ってインパクトすると、距離感が出しにくいだけでなく、方向性も狂いやすいからだ。

そこで、プロゴルファーはさまざまな方法で手首をロック（固定）し、アドレスでつくった手首の角度をストローク中、ずっとキープしようとする。左手の人さし指を伸ばすというのも、そのための方法のひとつだ。

逆オーバーラッピンググリップの場合、左手の人さし指は右手の小指と薬指の間に置くゴルファーが多いが、左手の人さし指をイラスト❶のように伸ばし、右手の小指、薬指、中指の3本を包み込むようにすると、左手首の角度がキープしやすいだけでなく、両手の一体感が出てグリップ全体が安定してくるのだ。

また、イラスト❷のように左手の人さし指だけでなく、右手の人さし指も同時に伸ばしてグリップするという方法もある。

こうすると、両手全体で包み込むようにしてパターを握っている感覚がより強くなる。両手の間隔をきっちりと詰めたり、左右の人さし指の曲げ具合を調節したりすれば、きっとあなたにぴったりのグリップが見つかるはずだ。

●右手人さし指の活用法●

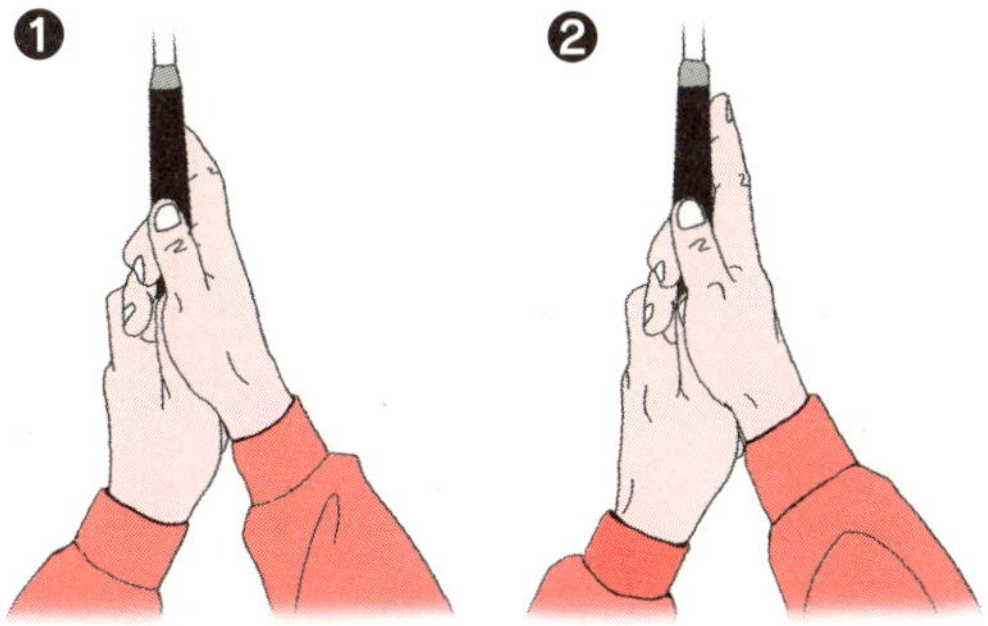

❶右手の人さし指を右側面にピタリとあてる
❷右手の人さし指の指先をやや下側にあてがう
→ 手とパターの一体感が強くなり、方向性の精度も高まる

●左手人さし指の活用法●

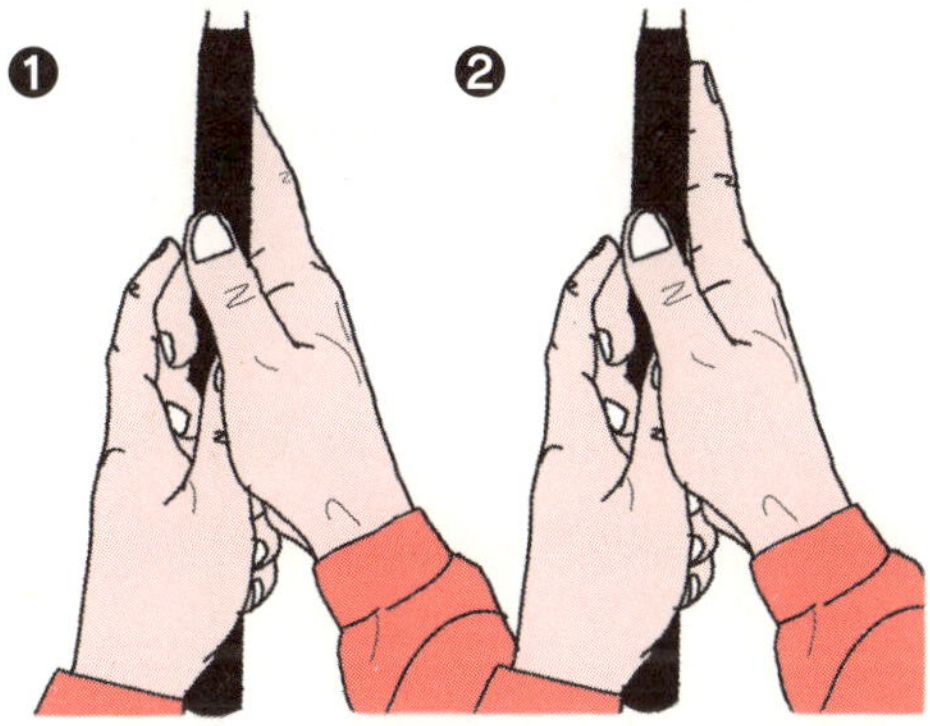

❶左手の人さし指を伸ばすと、左手の角度がキープできグリップ全体が安定する
❷右手の人さし指も同時に伸ばすと、両手全体でパターを握る感覚がさらに強くなる

オーバーラッピングとクロスハンド

●ショットと同じグリップにしてみる

プロゴルファーのなかには、パッティングのときもふつうのショットと同じ、オーバーラッピンググリップで握るプロもいる。「パットもショットの延長である」と考えることによって、パッティングをよりシンプルにしようとしているのだろう。

手嶋多一プロもそのひとり。パットのセオリーとして「真っ直ぐ引いて真っ直ぐ出す」というものがあるが、彼はパットもショットの延長と考えているため、「インサイド・イン」、つまりインに引いて、インに出すという軌道をイメージしながらストロークしているという。

そのためには、パッティングのグリップもショットと同じでいいというわけだ。

●ショートパットが苦手なら、クロスハンドグリップも

クロスハンドグリップとは、左手を右手の下にしてパターを握る方法。

このグリップも、左右の人さし指を曲げる・伸ばす、左右の手の間隔をあける・詰めるなど、さまざまなバリエーションがあるが、いずれも、ストロークを先導する左手の動きがシンプルになるため、方向性が安定するというメリットがある。

そのほかにも、左手が下になることで、両肩を結んだラインが水平になり、ラインが出しやすい、左手首の角度がキープしやすく、左腕とパターの一体感が得られやすい、などのメリットがある。

ただし、左手が主役になる分、繊細な右手の感覚が出しづらくなるため、ロングパットの距離感が出ないというケースもある。

●両手首を下に折ると、手首が使いにくくなる

手首を使わないためには、「両手首を下に折る」という方法がある。

手首の角度は、腕とシャフトが一体になるようにするのがもっとも自然といわれるが、自然な形で握るということは、手首は上にも下にも曲げることができるということ。

つまり、それだけストロークの軌道が狂いやすくなるリスクもあるのだが、最初から両手首を下に折っておけば、手首の動きをかなり抑えることができるというわけである。

ただし、手首を下に折ると、パターのシャフトが立ち、ヘッドのヒール側が浮いてスムーズにストロークできなくなることもある。

このあたりは、パターの形状にもよるから一概《いちがい》にはいえないが、パターの名手スティーブ・ストリッカーは手首を下向きに折って、ヒール側をわざと浮かせている。

●クロスハンドグリップの握り方●

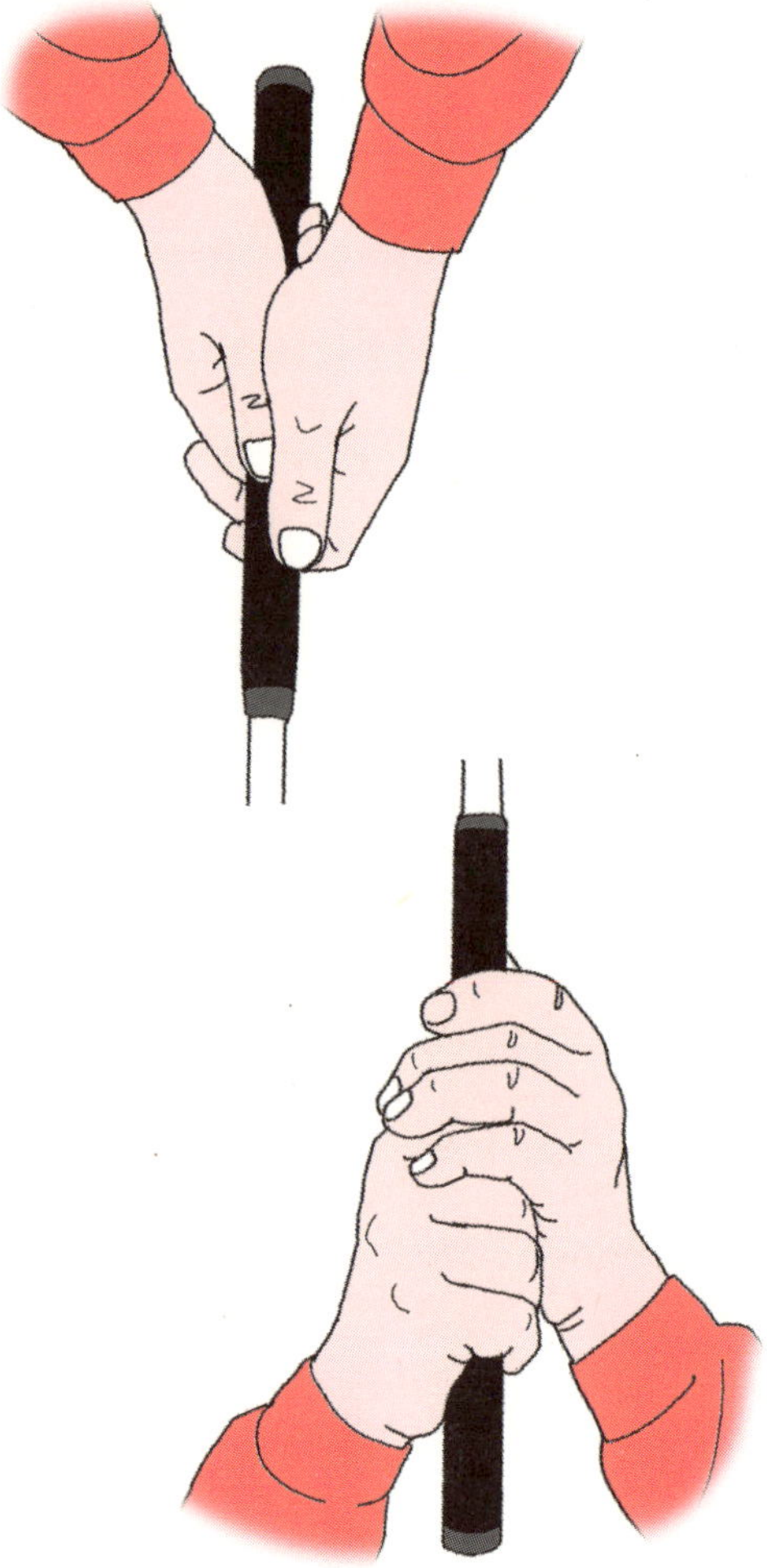

Lesson 2

ストロークの極意

●気持ちよくカップイン！

ストロークのイメージ

●パットは「打って」はいけない●

「打つ」よりも「転がす」と考えれば、力みが抜け、方向性も安定する

●「打つ」のではなく「転がす」

パッティングのストロークの方法について説明する前に、ストロークのイメージについて確認しておきたい。

まずは質問。あなたは、パッティングでボールを転がすことを何といいますか？

おそらく「ボールを打つ」「パットを打つ」「パターで打つ」のように「打つ」という人が多いのではないかと思う。

「芯で打つ」「しっかり打つ」、ショートすると「打ってない」、新しいパターを人にすすめるときは「ちょっと打ってみて」……。

なるほどパッティングについては、当たり前のように「打つ」という言葉が使われている。「ボールを打つ」や「パットを打つ」の、どこが悪いのかという人も大勢いそうである。

しかし、悪いのである。

なぜなら、パッティングとは「ボールを転がす」ものだからだ。

「打つ」と「転がす」。

ちょっと考えると、ここには、とても大きな違いがあることがおわかりのはずだ。

「打つ」は英語では「hit」で、まさに野球のバッターがボールを「打つ」感じ。大げさにいえば、その瞬間、ボールがつぶれて遠くに飛んでいくようなイメージがある。そういえば、われわれもパッティングでパンチが入ってしまったときにいうではないか。「あ、打っちゃったよ」と。

そうなのである。パットは「打って」はいけないのだ。むしろ、ヘッドでボールの背中を押してやるくらいのつもりでよく、それには「転がす」という言い方がぴったりなのである。

「転がす」には、ボウリングのボールを「転がす」ように、「ラインに乗せる」というイメージがある。そういえば、パットの上手いゴルファーは、「転がりがいい」「転がりが悪い」という言い方をよくする。

実際、ヘッドの芯でスクエアに当たったボールは、順回転の「いい転がり」になるから、カップの手前で急に失速したり、必要以上に傾斜に負けることがない。「転がす」とは、まさにパッティングにふさわしい言葉ではないか。

ショットでも、ボールを「打つ」というより、ボールを「運ぶ」といったほうが力《りき》みが消えてスムーズにスイングできるものだが、パッティングも同じ。

「転がそう」と自分に言い聞かせながらストロークすると、それだけで腕の振りがスムーズになるはずだ。ストロークがスムーズになると、それだけ芯を外さなくなるから、しっかり打とうと思わなくてもボールの転がりがよくなる。

あなたは自分のフィーリングを大切にしながら、ボールをラインに乗せてやることができるはずである。

ストロークの軌道

Lesson2　気持ちよくカップイン!　ストロークの極意

●ボールはどこに置くべきか

イン・トゥ・ストレート

押してやる

ボールを少し左に置くとヘッドを真っ直ぐ出しやすくなる。インパクト時のヘッドの向きはスクエアに

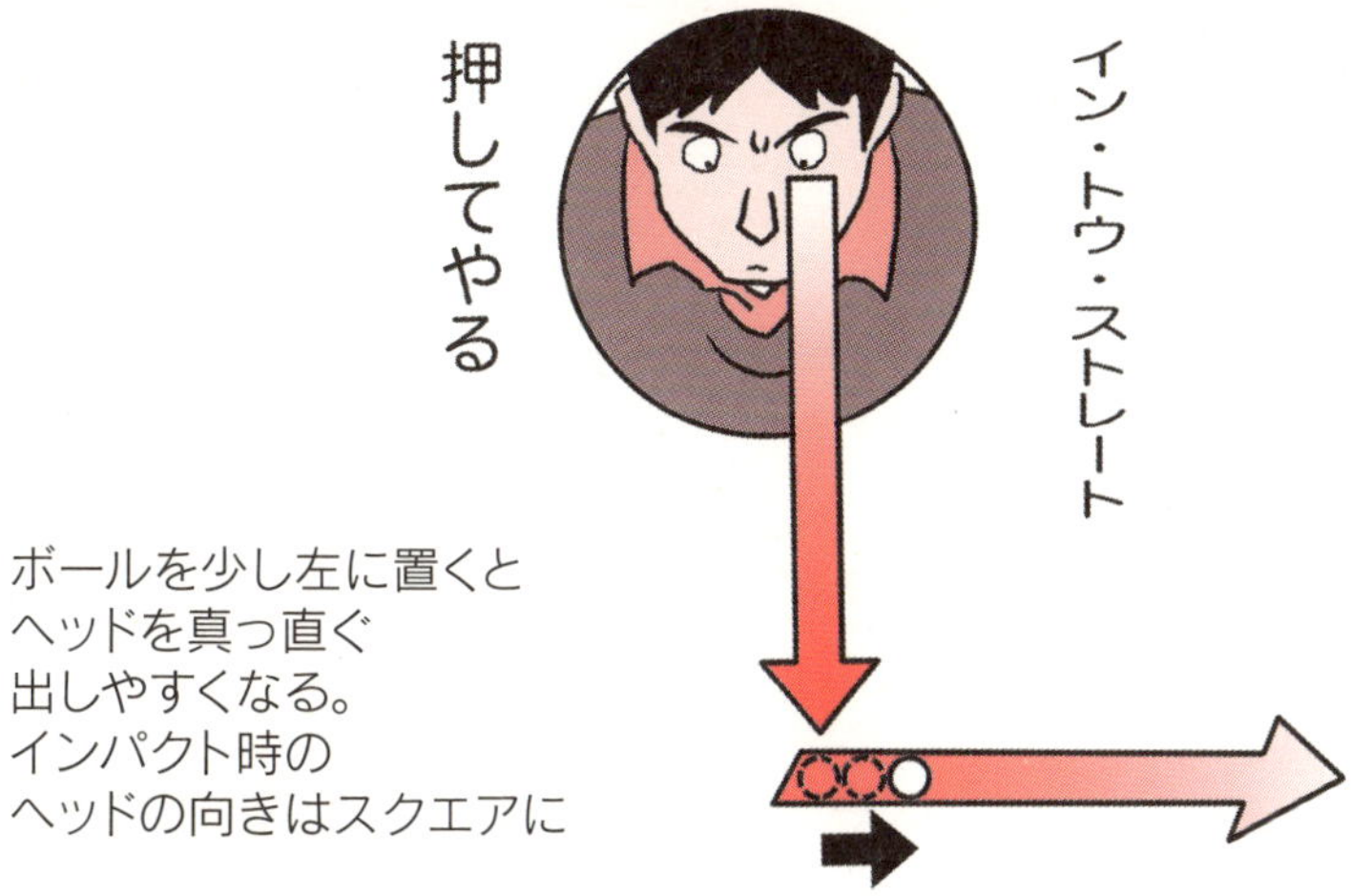

●「真っ直ぐ引く」か「インに引く」か

パッティングにおけるストロークの軌道でよく言われるのは、「真っ直ぐ引いて、真っ直ぐ出す」。いわゆる「ストレート・トゥ・ストレート」だろう。

しかし、これをやろうとすると、バックストロークで右脇、フォローで左脇が開きやすくなったり、必要以上に両肩が上下したりするなど、人間の身体の自然な動きとしては無理がある——というわけで、「イン・トゥ・イン」が正しいという説もある。

たしかに、パッティングもショットと同じように、背骨を軸とした回転運動だとすれば、パターのヘッドは円を描く、つまり「イン・トゥ・イン」になるのが自然。「イン・トゥ・イン」でも、要はインパクトのときにフェイスの向きがスクエアならいいというわけだ。

では、プロゴルファーは、どんな軌道でストロークしているのか?　日本のプロゴルファー男女50人の軌道を調べたところ、次のような意外な結果が出ている(『週刊ゴルフダイジェスト』09／1／20号)。

＊イン・トゥ・ストレート……66％
＊ストレート・トゥ・ストレート……20％
＊イン・トゥ・イン……10％
＊その他……4％

圧倒的に多かったのが、「イン・トゥ・ストレート」だったのはどうしてなのか?

まず、バックストロークをインに引く理由だが、それはやはりその動きが自然だからだろう。真っ直ぐ引こうとする、ましてやアウトに引こうとすれば、不自然さがともなう分だけ、ストロークがぎくしゃくし、インパクトでフェイスがスクエアに戻ってくる確率が減るというわけだ。

インに引いたヘッドをインパクトからフォローにかけてストレートに出すのは、インパクトでスクエアに戻ったヘッドで「ボールを少しでも長く真っ直ぐ押し出してやる」という意識の表れだろう。インパクトの瞬間は一瞬でも、意識としては「ボールを真っ直ぐ押してやる」時間が長ければ、方向性がよくなるというわけで、これはふつうのショットでいうところの「長いインパクトゾーン」と同じイメージだとみていい。

そのためにはボールの位置も重要で、この軌道でストロークしているプロの多くは、ボールを左目の下か、さらに1～2個分左に置いている。こうすると、インパクトのあと、ヘッドを真っ直ぐに出しやすいのだ。

パッティングでもっとも大切なのは、インパクトの瞬間にヘッドがスクエアになっていること。

そのためにはどんな軌道がベストなのか。ボールの位置や左右の足への体重配分、頭の位置などを変えながら、あなたにとってもっとも自然、かつ再現性の高いストロークの軌道を見つけてほしい。

ストロークの〝動力源〟

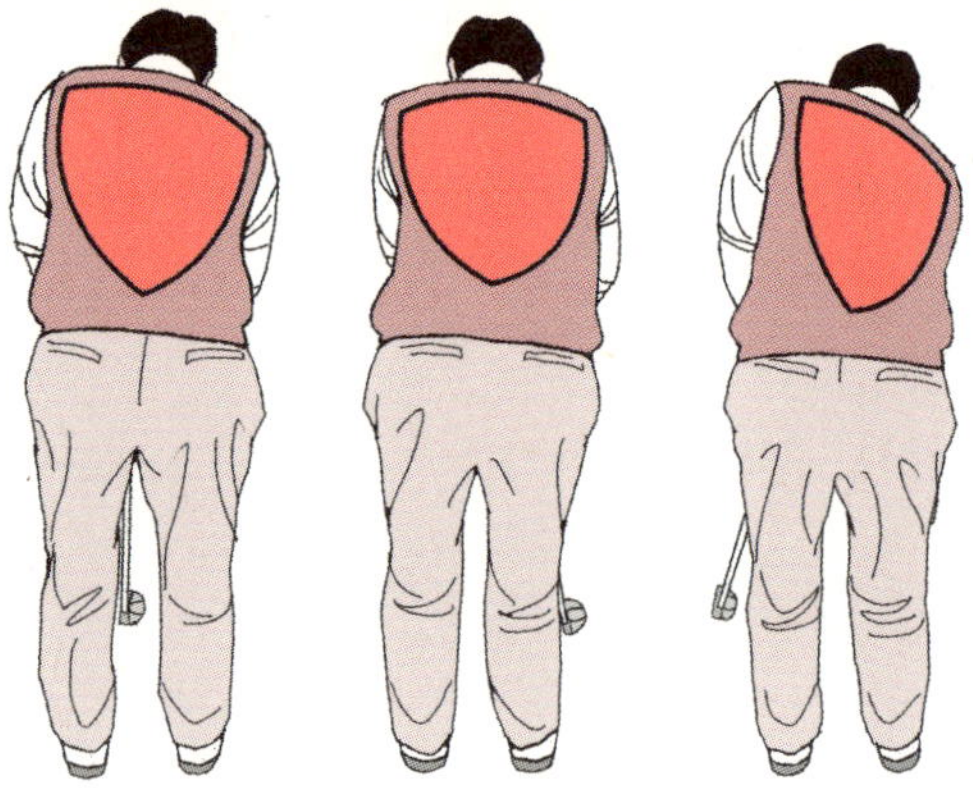

ストロークを安定させるには、腕や手などの〝小さな筋肉〟ではなく、肩や背中などの〝大きな筋肉〟を使う

●ストロークはメカニカルに

構えもグリップも決まり、ラインもイメージできたとする。あとはターゲットに向かって、距離感を合わせつつスムーズにストロークするだけだ。

しかし、軌道はどうあれ、この「スムーズにストロークする」のが簡単ではないことはゴルファーなら誰しも知っているはずだ。

「何とかこのパットをねじこみたい」という欲。あるいは「外れるかもしれない」という恐れ。それらのメンタルな要素があいまって、ゴルファーは1メートルに満《み》たないパットのストロークがスムーズにできなくなることがある……。

パッティングとは、タッチ（距離感）やラインのイメージなど、なるほど感覚がものをいう世界だ。しかし、逆にいえば、感覚がものをいうだけに、メンタルな部分に大きく左右されるともいえる。

ということは、ストローク自体は、できるだけシンプルかつメカニカルにしておいたほうがいいということになる。

ストロークをロボットのような動きとして割り切ってしまえば、どんなにプレッシャーがかかる場面でも、ストロークが乱れることはないはずだからだ。

●〝大きな筋肉〟でストロークする

というわけで、ストロークにおける最初の鉄則である。

それは、1章でも述べたように、肩と両腕のつくる三角形（肘《ひじ》を曲げれば五角形）をストロークの間中、キープしておくということである。なぜなら、この三角形（五角形）をキープしたままストロークしようとすれば、肩や背中などの〝大きな筋肉〟を使うしかなくなるからだ。

腕や手などの〝小さな筋肉〟を使ってしまうと、それらの筋肉は器用でも繊細《せんさい》であるだけに、プレッシャーがかかった場面ではどうしてもビビッたり、反対にパンチが入ったりしがちだ。

その点、肩や背中の〝大きな筋肉〟は、いい意味で鈍感《どんかん》だから、プレッシャーに強い。肩と腕がつくる三角形（五角形）を崩さないよう意識すれば、それだけで〝大きな筋肉〟を使うことになり、その結果、ふだん通りのストロークができるというわけである。

1章でパッティングのグリップは、〝強からず弱からず〟握ることをすすめたのも同じ理由。強く握りすぎれば、肩や背中などの〝大きな筋肉〟の動きがパターのヘッドに伝わらない。

かといって弱く握りすぎては、今度はパターのヘッドが勝手に動いて、ゴルファーの感覚がヘッドに伝わらなくなってしまう。

メカニカルだが、感覚も大切にする――パッティングの極意といっていい。

ストロークの動き

●左肩を〝押し〟て〝引く〟

パッティングのストロークで肩や背中などの〝大きな筋肉〟を使うためには、バックストロークは、左肩を主体にして、ヘッドをラインの後方に〝押す〟。ダウンストロークでは、左肩を〝引いて〟もとに戻すイメージでパッティングしてみるという方法がある。

手首の角度は完全に固定されているから、インパクトでは、左手の甲でボールを押してやる感じになる。つまり、このストロークは、つねに左肩主導で行なうというわけだが、これは、パッティングでついつい出しゃばってしまう右腕を使わないようにするための方法でもある。利《き》き腕である右腕は器用な動きが得意なため、プレッシャーに襲われると、ときにストロークの軌道を乱したり、インパクトでパンチを入れたり、緩《ゆる》めるなどの〝悪さ〟をしてしまう。

そんな右手や右腕を〝殺す〟ために、あくまでパッティングの主体は左肩にまかせようというわけで、感覚としては、左手を下にするクロスハンドグリップと同じである。

●左手甲は、ストローク中は完全にロックしておく

パッティングのストロークには、もうひとつ鉄則がある。それはグリップするときに左の手首をロックしたら、ストローク中は絶対にその角度を変えないということ。これは、とくに振り子式のパッティングでは、絶対といっていい鉄則のひとつだ。

パッティングにおいて、左手の甲は、パターヘッドの分身のようなもの。甲が右を向けばフェイスは開いてボールは右に出るし、甲が左を向けばフェイスは閉じてボールは左に出てしまう。

最初に左手の角度と甲の向きを決めたら、それを完全に固定してストロークすること。これは方向性をよくするためのきわめて重要なポイントといっていい。

左手甲をロックすると、手首が使えなくなるため、肩と両腕がつくる三角形（五角形）を崩さないままストロークできる。手首が緩んでいては、いくら大きな筋肉を使ってストロークしても、インパクトの強さが一定にならない。つまり、距離感も出ないのだ。

●左肩主導のストローク●

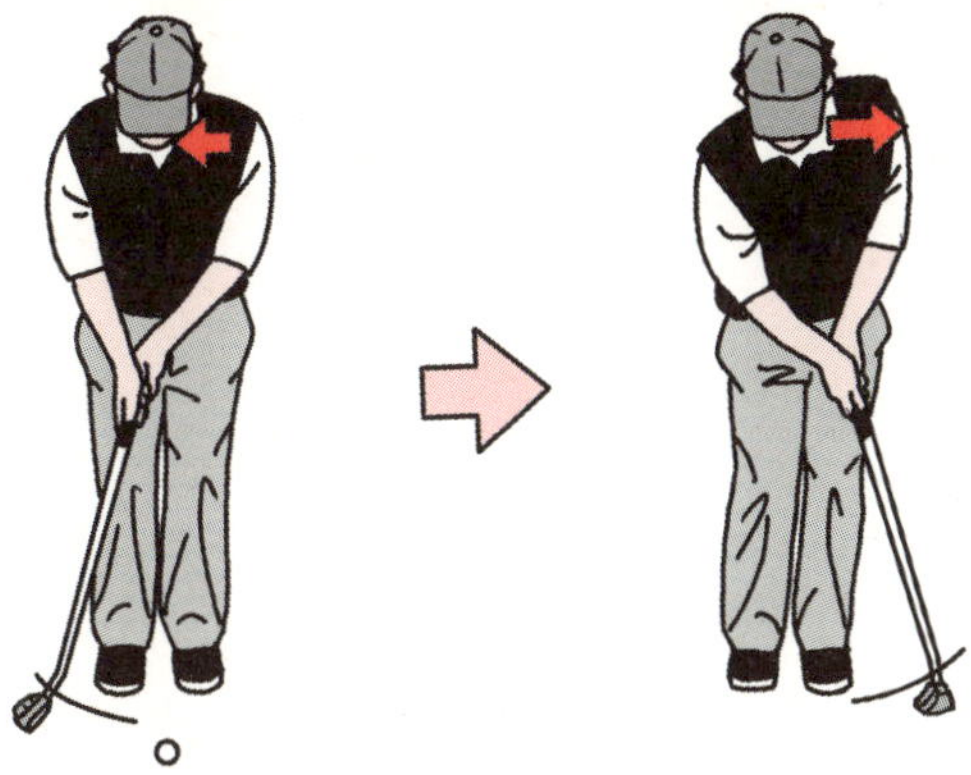

バックストロークは
左肩を押してパターを引き

ダウンストロークでは
左肩を引いてパターを戻す

●「左手の甲」は固定する●

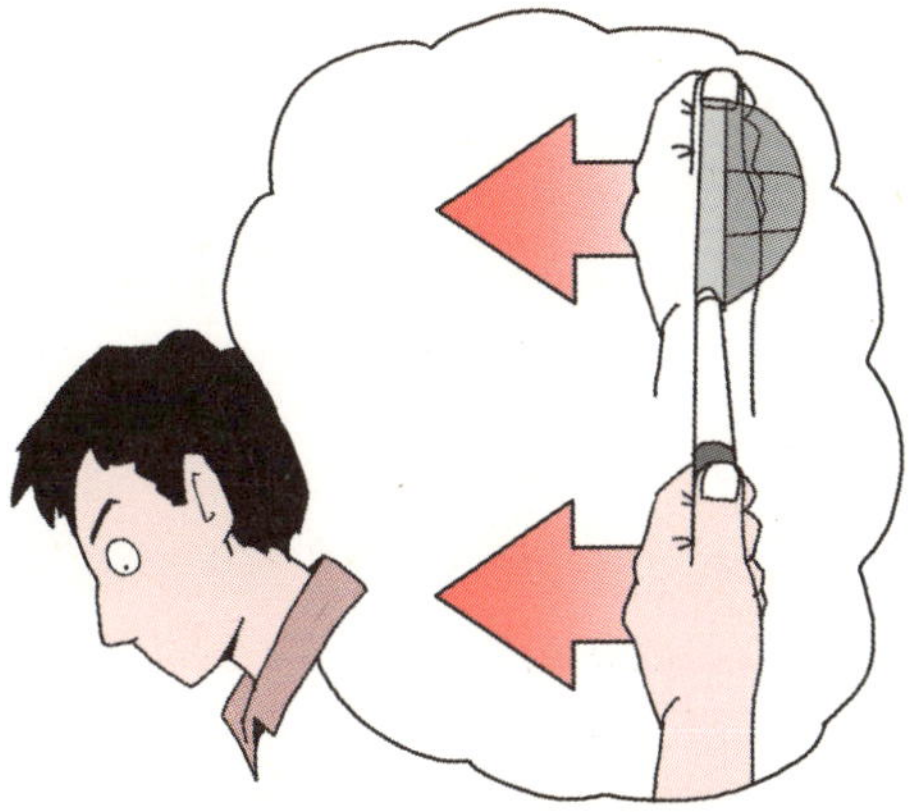

左手の甲は「パターのフェイスの分身」。
左手の角度と甲の向きを決めたら、
完全に固定してストロークする

プレパット・ルーティン

パットの名手ブラッド・ファクソンのルーティン

1. ラインを確認し、ボールの前でターゲットを見ながら「2回」素振りをする
2. アドレスに入り、フェイスの向きを確認しながらターゲットを「2回」見る
3. 目線をボールに戻したら、そのままテイクバックを開始し、ボールを打つ。リズムは「ワン　ツー」。テイクバックで「ワン」インパクトからフォローで「ツー」のリズム

●パッティングこそ、ルーティンが重要

ショットでは「プレショット・ルーティン」が大切とよくいわれるが、パッティングにおいてもまったく同じ。いや、パッティングはショット以上にプレッシャーがかかる場面が多いから、ストロークの前のルーティンは、ショットのときより重要だといっていい。

もちろんパッティングのプレショット・ルーティンの中身は、ゴルファーによってみな違うが、たとえばこんな具合だ。

①ボールの後ろからラインを見る。
②カップの後ろからラインを見る。
③打ち出す方向にスパットを見つける。
④ボールの横で素振りを3回する。
⑤フェイスの向きをターゲットスパットに合わせ、ターゲットとボールを結んだ線に平行になるようスタンスをとる。
⑥上体や膝《ひざ》を曲げて、構えをつくる。
⑦カップ（またはスパット）を見る。
⑧視線をボールに戻したら、ただちにストロークを開始する。

こうしたルーティンは、何度もくり返し行なわないと、なかなか自分のものにはならない。練習グリーンや自宅のカーペットでパットの練習をするときも、意識して自分が決めたルーティンをくり返すことだ。

●スタンスの取り方をルーティン化する

パッティングの前に行なうルーティンは、ゴルファーによってみな違う。しかし、ひとつだけこだわってほしいものがある。それは「スタンスの取り方」である。

パッティングでもっとも重要なのは、パターのヘッドをラインに対してスクエアにセットすることだが、そのためにはスタンスの向きがきわめて重要になる。原則は「スタンスの向きはラインに平行」ということになるが、仮にオープンでもクローズドでも、スタンスの向きとボールとの位置関係がつねに同じでなければならない。

スタンスの向きを一定にするためには、スタンスの取り方をルーティン化するのが一番いい。たとえば、こんなやり方である。

①ライン（打ち出す方向）がイメージできたら、両足を閉じてボールの前に立つ。
②両肩を結んだ線がライン（打ち出す方向）と平行であることを確認。
③左足を靴1足分ターゲットラインの方向に開き、次に右足を靴2足分ターゲットラインの後方に開く。

……これはあくまで一例で、左右の足の開き具合は、スタンスが決まったとき、ボールの位置がいつも同じになるように各自で調整してほしい。

ポイントは、最初に両足を閉じてボールの前に立つという点。そこでラインを確認してから両足を開くと、スタンスの向きが狂いにくくなるのだ。

パターの素振り

頭のいい「素振り」のやり方

ラインから少し後ろに平行移動した場所での素振り

ラインと直角に立った素振りは、ライン全体がよく見え、距離感がイメージしやすくなる

●素振りは、ラインに直角に立って

パッティングの前に素振りをしないゴルファーはめったにいない。たしかに、素振りはタッチを出すためにはきわめて有効だが、問題は、その素振りを〝どこで〟行なっているか、という点である。

多くのゴルファーは、実際のスタンスの位置から半歩ほど後ろに下がった場所で、あくまでラインに平行に立ってこの素振りを行なっているはず。

しかし、プロのなかには、アニカ・ソレンスタムや丸山茂樹のように、ボールの真後ろ、つまりカップとボールを結んだ線の延長線上に、ラインと直角になるように立って素振りをするゴルファーもいる。

なぜ、ラインに平行に立たないのか？　それは直角に立ったほうが、ライン全体がよく見え、距離感（ボールの転がる速度）がイメージしやすいからだ。

パッティングで一番大切なのは距離感、つまりボールが転がる速度のイメージだが、それを確認するには、ラインに直角に立って、ターゲットまでの距離をしっかり把握《はあく》しながら素振りをしたほうがいいというわけだ。

●あえて素振りをしない

ストロークの前の素振りは、2回と決めているゴルファーもいれば、タッチがイメージできるまで何回でも、というゴルファーもいる。しかし、なかには松山英樹のように素振りは一度もしないというゴルファーもいる。

素振りをしないのは、あくまで直感を大切にしたいからだろう。プロともなれば、ボールとカップの位置をひと目見ただけで、距離感がイメージできる。しかし、そこで素振りをしてしまうと、そのイメージがだんだん薄らいでくる。

あるいは、素振りをくり返すうちに、かえってタッチに迷いが生じるということもあるだろう。もちろん、素振りをしないでストロークするのは、かなり勇気がいる。素振りをしなくても、イメージ通りのストロークができるだけの技術も必要に違いない。

しかし、だからといって、素振りをしないのはプロや上級者だけと決めつけるのは早計《そうけい》ではないか。

なぜなら、アマチュアのなかには、素振りをくり返すうちに、しだいに「このパットは絶対に入れなければならない」とか「だんだん曲がりそうな気がしてきた」など、余計なことを考え始める人が多いからだ。さらに、パットの前の素振りが、「タッチを出すため」ではなく、完全に形骸化《けいがいか》してしまっている人も多そうである。

そんな素振りなら、しないほうがマシ。このところパットが不調というゴルファーは、一度、素振りをしないでパッティングしてみることをおすすめする。

ストロークの始動

イメージが消える前に始動する

最終的な構えをしたら、最後にもう一度ターゲットを見て、イメージを確認できたところで、瞬きをせずにボールに目を戻し、始動する

●フェイスを合わせたら、瞬きせずに始動する

ゴルフに限らず、弓道でもアーチェリーでもダーツでも、〝狙う〟スポーツでもっとも大切なのは、ターゲットを凝視《ぎょうし》すること。ターゲットを凝視することで初めて脳に情報が届き、初めてターゲットまでのラインや腕の振り方などのイメージがわいてくる。

ただし、そのイメージは、それほど長く脳のなかにとどまってはくれない。しかも、一度でも目をつぶってしまうと、あっという間に消えてしまう。

パッティングの場合、ボールにフェイスを合わせて最終的な構えができたら、最後にもう一度、ターゲットを見よう。そして、そこに至るラインとボールが転がる速度のイメージが確認できたら、瞬《まばた》きせずにボールに目を戻し、すぐにストロークを開始することだ。

そのためには、ボールにフェイスを合わせたら5秒以内にストロークを開始すること。それ以上、時間をかけてしまうと、どこかで瞬きをしてしまい、せっかくのイメージが消えてしまう。

仮に目はずっと見開いていたとしても、時間をかけると、やはりイメージが消えたり、肩や腕がしだいに硬くなって、スムーズにストロークできなくなる。

これはショットでも同じ。構えるまでは時間をかけても、構えたら、できるだけ早くバックストロークを始めることだ。

●ストロークの軌道を意識しすぎない

前に、パッティングのストロークの軌道は「イン・トゥ・ストレート」のプロが多いという話を紹介したが、ストロークの軌道に絶対はない。あなたにはあなたなりの軌道があっていいし、いや実際のラウンドでは、むしろストロークの軌道など意識しないほうがいい。

ストロークの軌道を意識すると、ヘッドの動きを目で追いかけてしまったり、手を使って軌道をなぞろうとしたりして、ストロークがぎくしゃくしやすい。

そして、実際に自分の理想とするバックストロークができないと、その瞬間「あっ、ダメだ」と思ってしまう。これでは、打ち急いだり、ヘッドが開いたり閉じたり、スクエアなインパクトなど望むべくもない。

ストロークが波打とうが、ヘッドが極端にインサイドに引かれようが、インパクトのときパターのヘッドがボールにスクエアに当たりさえすれば、ボールは狙った方向に転がっていくのだ。

実際、プロゴルファーでも、ストロークが波打っているケースは少なくない。それでも彼らはカップインさせてしまう。

パッティングは、たしかに繊細きわまりない世界だが、本番でそう感じ始めると手が動かなくなる。「繊細さなどクソくらえ！　もっとアバウトでいいのだ！」――パッティングには、そんな〝開き直り〟も必要なのだ。

始動のきっかけ

●フォワードプレスの利点とは

ゴルフが難しいのは、「止まっているボールを打つ」ゲームだから、とよくいわれる。

たしかに、ゴルフのスイングやストロークを「静から動」の動きだと考えると、ゴルフは難しくなる。ためしに、身体のどの部分も一切動かさずにパターを引こうとしてみれば、その難しさがよくわかるはずだ。

だからというべきか、ゴルフの名手たちは、パッティングにおいても「静」の状態をつくらないようにしていることが多い。

たとえば、パッティングのバックストロークを開始するとき、フォワードプレスといって、グリップをターゲット方向に少し押し出す。その動きをきっかけにしてバックストロークを始めるわけだ。

フォワードプレスすると、グリップの位置がボールより左にくるが、これもストロークを安定させるうえで効果がある。なぜなら、パッティングではグリップの位置がボールより右にあると、けっしてうまくストロークできないからだ。

●始動の前にヘッドを上下させてみる

パッティングのバックストロークをスムーズに始めるためには、フォワードプレスの他にもこんな方法がある。

ひとつは、パターヘッドを小さく上下させる方法。ＰＧＡのテレビ中継では、パターヘッドがボールをとらえる瞬間をアップでとらえた映像がしばしば流れるが、これを見れば、多くのプロがタイミングを合わせるようにしてパターヘッドを小刻みに上下させていることがおわかりのはずだ。

このほか、グリップの一番上にある右手の親指を上下に細かく動かしたり、傍《はた》からは見えなくても靴のなかで足の指を小さく動かしていたり、プロはたいてい身体のどこかを小さく動かしている。

パッティングのアドレスでは、脚や腰、上半身、頭など、身体の〝大きな部位〟はけっして動かしてはならない。必然的に、動かしていいのは身体の〝小さな部位〟に限られる。

その原則が守られているのなら、ここに紹介した以外の方法でもいっこうにかまわない。あなたも自分の感覚にもっともぴったりくる〝小さな動〟を見つけてみてはいかがだろう。

●フォワードプレスのやり方●

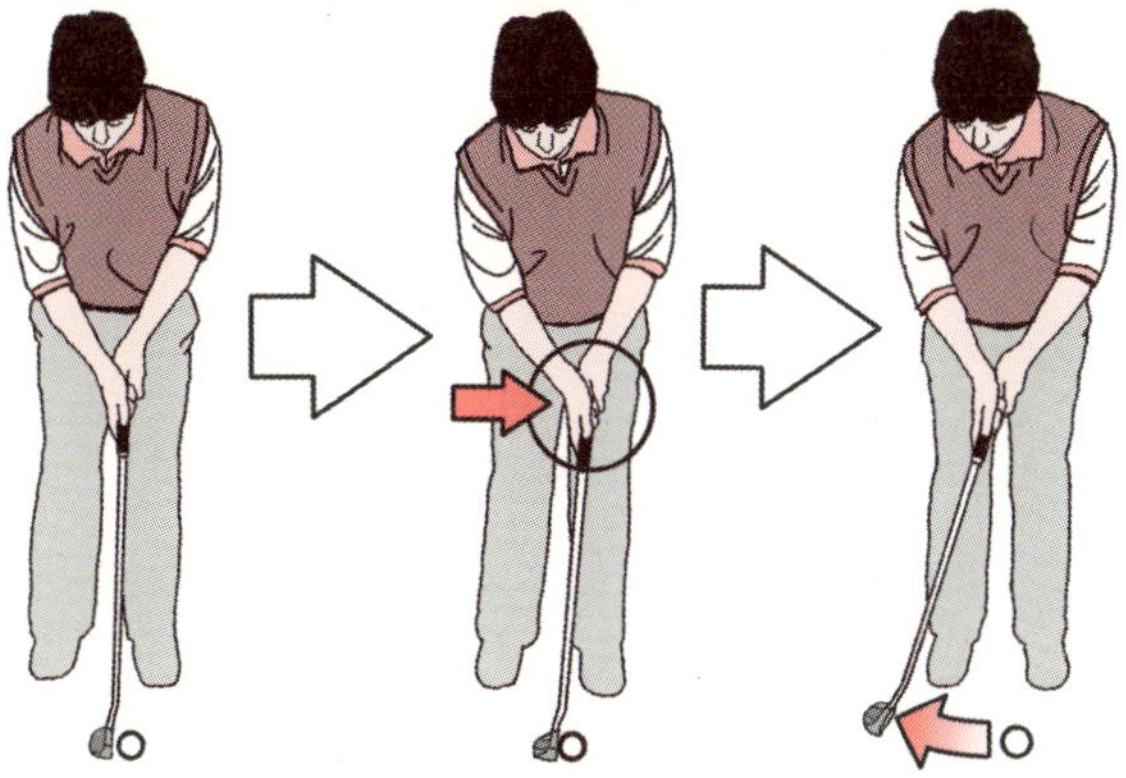

グリップをターゲット方向に、少し押し出してから、バックストロークを始める

●完全には「静止」しない●

パターのソールを上下させたり、靴の中で足の指を小さく動かしたりなど「小さな動」をつくる

ストロークの大きさ

実戦では「フォロー」を長めに出す

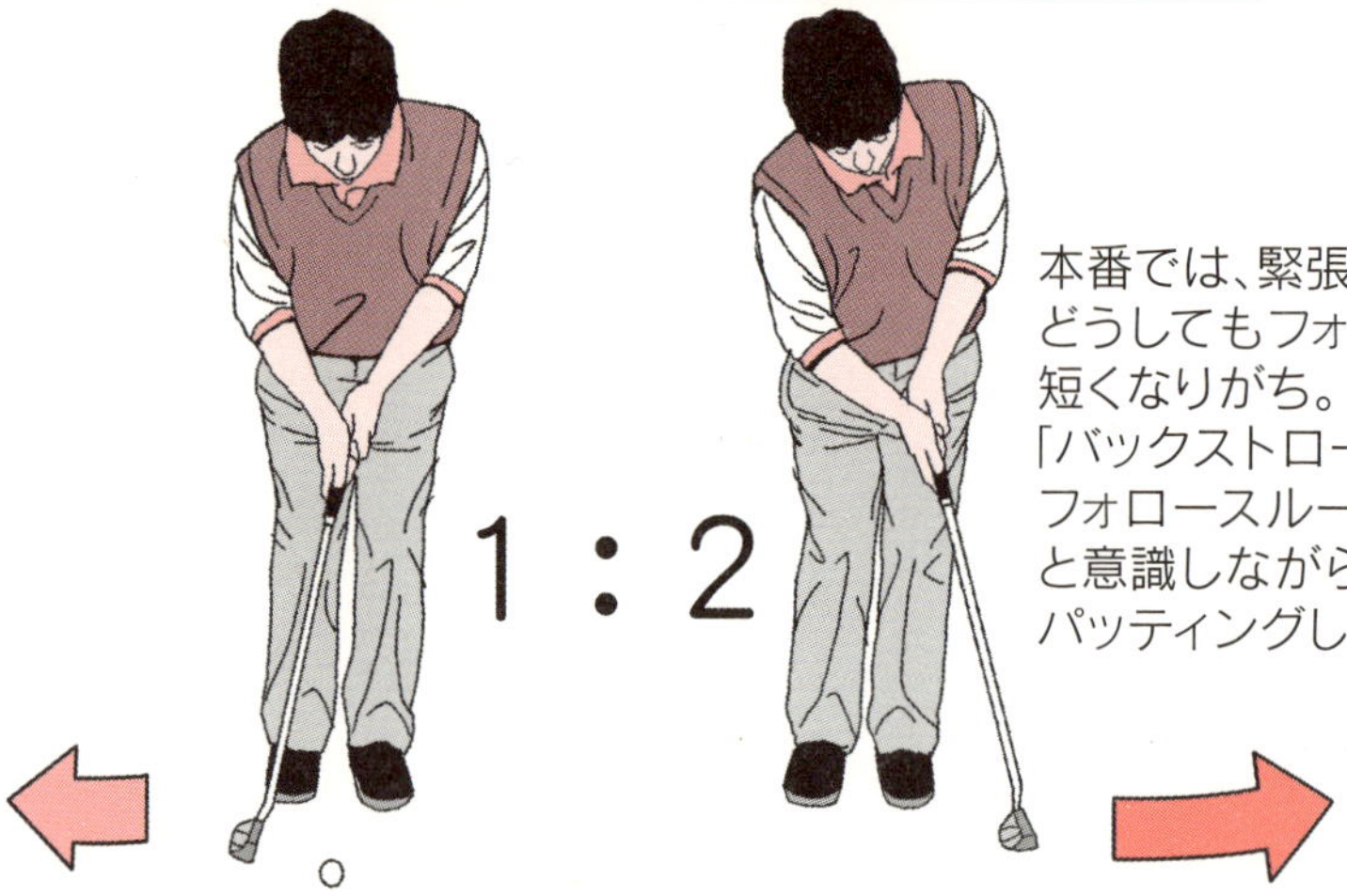

本番では、緊張のためにどうしてもフォロースルーが短くなりがち。「バックストロークの2倍、フォロースルーをとる」と意識しながらパッティングしよう

●バックストロークは、できるだけ小さく

片山晋呉プロが、こんなことを言っていたことがある。

「タイガーがパッティングも上手いのは、バックストロークが小さいから。バックストロークが小さければ、それだけ軌道がブレにくくなるし、芯も外さなくなる。つまり、方向性も転がりもいいボールになるのです」

たしかにバックストロークの大きさは、カップまでの距離にある程度比例するが、それでもその大きさは、必要最小限にとどめておいたほうがいい。

ところが、アマチュアには「3メートルのパットに10メートルのバックストロークをして、みずからストロークの軌道を乱している人」が少なくない。そういうタイプのゴルファーは、バックストロークを大きく引きすぎると、自分でも「あ、これでは大オーバーしてしまう」と察知するのだろう。そこで、瞬間的にインパクトを緩めてしまう。その結果、思ったほどボールが転がらなかったり、芯を外したり、というミスが出やすい。

バックストロークは小さくとも、インパクトが緩まず、ボールの芯をしっかりとらえたボールは、思いのほか転がるものだ。たとえば5メートル転がすためには、最低どれだけのバックストロークが必要なのか——今度、練習グリーンに行ったら、是非とも試してみてほしい。きっとあなたは〝振りすぎ〟ている自分に気がつくはずだ。

●フォロースルーはバックストロークの2倍

パッティングのストロークは、ボールの位置を起点として、同じ振り幅で行なう——なるほど振り子の原理からいえば、バックストロークとフォロースルーは同じ振り幅であるはずだが、実際は違う。

ＰＧＡツアーのプロ十数人のパッティングを詳細に調査したデータによれば、彼らはバックストロークのほぼ2倍のフォロースルーをとっていることがわかった。タイガー・ウッズもしかり。彼のバックストロークが小さく、にもかかわらず転がりがいいのは、じつはバックストロークの2倍のフォロースルーをとっているからでもあるのだ。

倉本昌弘プロも、こう言っている。

「フォロースルーでもバックスイングと一緒の大きさにすると言いましたけど、実戦ではフォローのほうを長く出すような気持ちがいいと思います。というのも本番では緊張してフォローの出ない人が多いですからね」（『書斎のゴルフVOL.15』日本経済新聞出版社）。

1メートルのパットを「30センチ引いて、10センチしかフォローが出ず」、外してしまうゴルファーが少なくない。そういう人は、「10センチ引いて、20センチのフォロー」をとってみよう。間違いなく、カップインの確率は高くなるはずである。

ヘッドアップしないために

●ヘッドアップしないための裏ワザ●

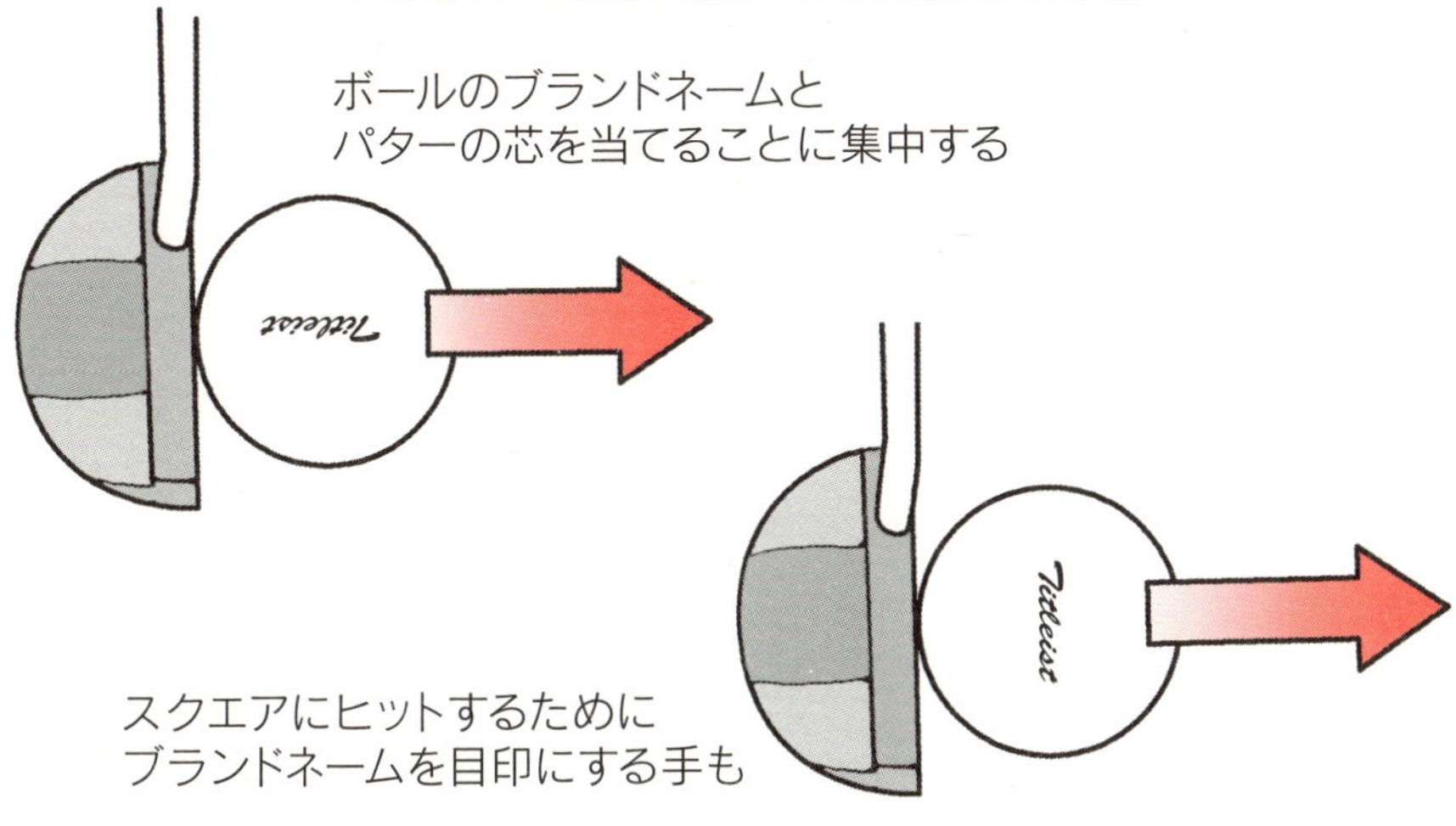
ボールのブランドネームと
パターの芯を当てることに集中する
Titleist
Titleist
スクエアにヒットするために
ブランドネームを目印にする手も

●左肩は絶対に開かない

「カップインの音は左の耳で聞け」という格言がある。カップインの音を左の耳で聞くためには、インパクトのあと、頭を上げたり、左を向いてはダメ。つまり、この格言は「ストローク中はずっと頭を上げるな」ということを言っている。

格言になるくらいだから、インパクトのあとに頭を上げてしまうゴルファーはひじょうに多い。頭を上げる、つまりボールを見てしまうのは、ボールの行方が気になるからだ。自分が想定したラインをはたしてボールは転がっているだろうか？　ボールの速さはイメージ通りか？　そして結果は？

まあ、そういうことが気にならないゴルファーはいないはずだが、だからといって、インパクトと同時に頭を上げてしまっては、ラインに乗るはずのボールもその瞬間、ラインから外れてしまう。

頭を上げれば、左肩が開いたり、上体が起きたりして、フェイスの向きが狂う。とくに、ツマ先下がりのスライスラインでは、カップが見やすいため、こうしたミスを犯しやすい。

頭を上げるだけでなく、身体ごとボールをカップに送り込もうとして、左肩が開いてしまう（右肩が前に出てしまう）ゴルファーもいる。とくにショートパットでは、ターゲットが近いため、「なんとかねじこもう」という意識が強くなる。そのため「ボールではなく自分の身体をカップインさせるような打ち方」になってしまうわけだ。

「ボールの行方を気にするな」と言い聞かせてそれが守れるのならいいが、それでもボールを見てしまいそうになる人は、「左肩だけは開くな！」と言い聞かせてパッティングしてみてはいかがだろう。

●短いパットは、ボールのブランドネームを見る

ショートパットのミスの原因でもっとも多いのは、ヘッドアップだ。カップが視野に入ってくるため、つい結果を気にして、頭だけでなく、上半身まで起き上がってしまう。

ショートパットこそ、身体を動かさず、しっかり打つべきなのだが、そう言い聞かせたところで、その通りに身体が動いてくれないのが人間。では、どうすればいいのか？

答えは、カップとは別のものに意識を集中する、である。

たとえば、ボールに印刷されているブランドネームだ。ボールをセットするとき、ブランドネームがボールをヒットするポイントにくるようにセットしたら、あとは、このブランドネームにヘッドの芯を当てることだけに意識を集中させればいい。

インパクトで頭や上半身が動いてしまう人は、パットの距離にかかわらず、つねにボールの一点を見つめてストロークする習慣をつけるといい。

目線の動き

目線は〝縦〟に動かす

前項で、ストローク中に左肩が開いたり、右肩が前に出たりすると、フェイスの向きが狂いやすいという話をした。

左肩が開いたり、右肩が前に出るというのは、言い方を変えると肩が〝横（水平）〟に動いているということ。正しい振り子式のストロークでは、肩は〝縦（垂直）〟に動かさなければならない。

肩の動きと目線の関係

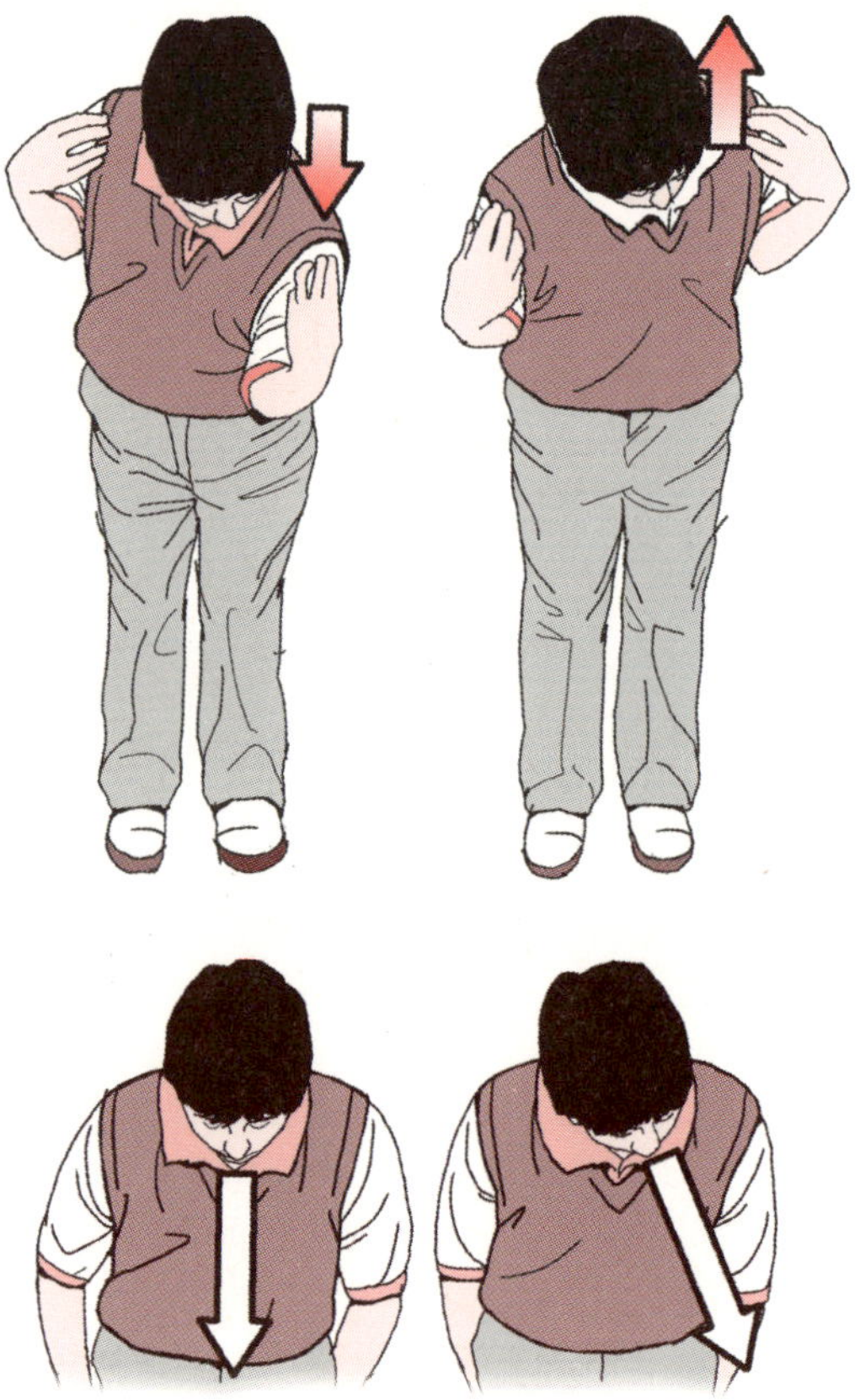

肩を「縦」に動かすためには、
目線もまた「縦」に動かす

肩を縦に動かすためには、アドレスでラインを確認するとき、目線も〝縦〟に動かすよう習慣づけることだ。

目線を縦に動かすとは、上体の前傾角度と首の角度を決めたら、角度を変えないで頭を左に向けながらラインを見るということ。そうすると、ターゲットとボールを結んだラインを左目→右目の順で追う感じになる。

このとき、ラインと両目が動いた線がぴたりと重なるようなら、正しい方向に構えられているということになる。そして、素振りをしても、目線とラインがズレなければ、肩もラインに沿って〝縦〟に動いていることになる。

あとは、実際のパッティングでこの素振りを再現すればいい。インパクトしたら、アドレスのときと同じように頭を左に向けて、ボールの後ろを右目で追う。目線を〝縦〟に動かすことができるようになれば、ヘッドをラインに沿って出すイメージがつくりやすくなるはずだ。

インパクト後は目だけでボールを追う

パッティングでもっとも多いミスはヘッドアップだといった。だから、インパクトしたあとも頭を上げず、ボールのあったところを見続けるという教えもある。

もちろんこの教えはヘッドアップをしないためには有効なのだが、ボールの行方をまったく見ないというのでは、自分がイメージしたタッチとラインがその通りに再現されているかどうかが確認できない。これでは、そのパットが〝財産〟として生きないのだ。

インパクトをしたら、ボールを目で追っていい。ただし、頭を上げないまま、という条件付きで、だ。

アベレージゴルファーには、頭を上げずにボールを目で追えない人、つまりインパクトする前に頭を上げて、ボールの行方を見てしまう人が多い。

だから「ボールのあったところを見続けろ」という教えが生まれるのだろうが、頭を上げずにインパクトしたら、むしろボールの行方はちゃんと見守るべきなのだ。

インパクトの緩み

●インパクトの「緩み」を防ぐ方法●

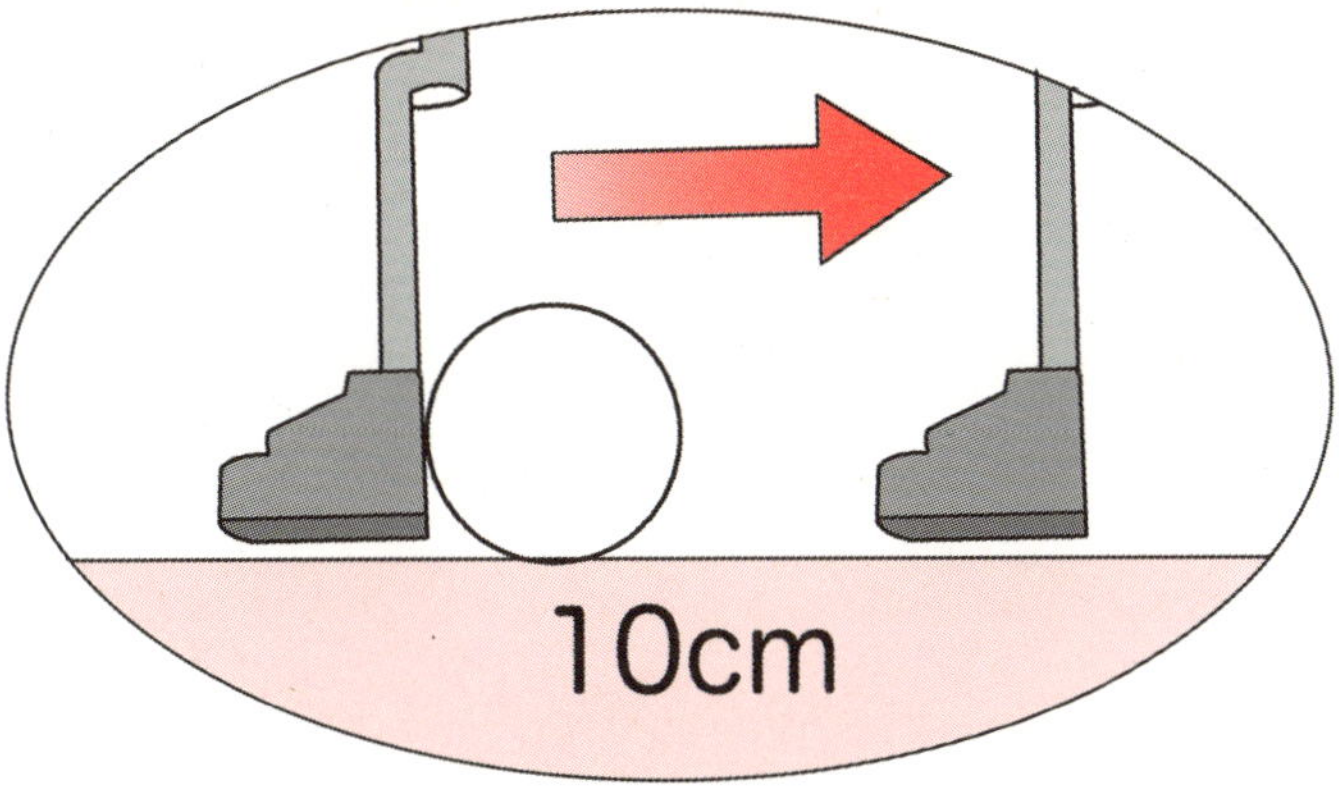

「当てて終わり」ではなく、ヒットしたあとも
かならず10センチはカップの方向へ、ヘッドを出す

●速いグリーンでも、インパクトだけは緩めない

パッティングのストロークでの最大のミス。それは、「インパクトの緩み」である。

「インパクトの緩み」には、2種類ある。

ひとつは、ダウンストロークのスピードをインパクトの寸前で減速させてしまうもの。

もうひとつは、インパクトの寸前で、グリップ・プレッシャーを緩めるなど、フッと力を抜いてしまうものだ。

いずれの場合も、距離感が狂うだけでなく、インパクトでフェイスの向きが変わりやすく方向性も狂ってしまう。つまり、ラインの読みも完全、フェイスの向きも完璧、バックストロークの振り幅もOKではあっても、インパクトが緩んでしまっては、すべてが台無しというわけだ。

たしかに高速グリーンでは、誰しも大オーバーする不安と闘わなければならない。しかし、だからといって、インパクトを緩めてしまっては、入るパットも入らなくなる。

高速グリーンでは、練習グリーンでいち早く、そのスピードに慣れること。そして、本番では「インパクトだけは緩めない」と自分に言い聞かせてパッティングすること。そうすれば、少なくとも大オーバーやショートをくり返しての3パットはなくなるはずである。

●臍下丹田に気を入れてストロークする

スムーズなストロークをするためには、下半身は微動だにせず、しかし上半身はリラックスしているべき。

しかし、リラックスせよとはいっても、上半身に一切力を入れない、というわけではもちろんない。すべてを脱力してしまっては、軸がゆがんだり、インパクトが緩んだりしてしまうからだ。

もちろん、腕やグリップに力を入れてはいけない。肩もリラックスしているべきだ。では、どこに力を入れるか？

答えは「お腹」である。

合気道などの世界においては、昔から「臍《せい》下丹田《かたんでん》」に気を入れる、という言い方がされてきた。「臍下丹田」とは、臍《へそ》から指3本分下にあるツボで、ここに意識を集中させることで「腹がすわり」、パワーが発揮できるとされている。

デビット・レッドベターも、

「腹部、特に胃のあたりに力を入れると、肩の力が抜けて、上半身を一体化させて動きやすくなります。さらに腕や手に細かいムダな動きがなくなりますから、ストロークが安定し、通常のショットでもパッティングでもヘッドがスムーズに動きます」（『王国のレッスン』）

と言っている。

ゴルフも日本の古武道も、スムーズな動きのカギは〝ヘソの下〟にあると言っているところが面白い。

1メートルのパット

●「上りのショートパットを強打する」理由●

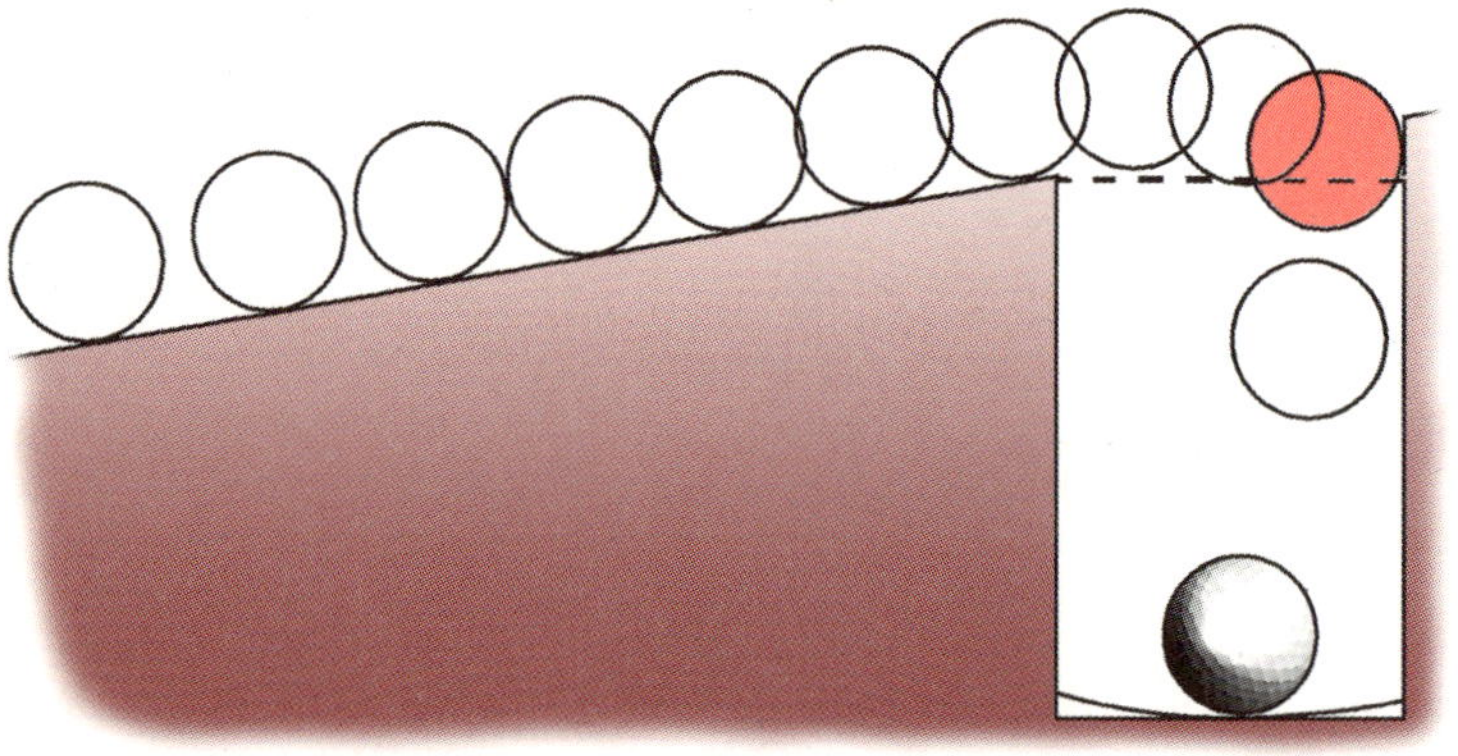

上りのラインでは、多少強めに打ってもカップの向こう側の壁にあたる。カップ周辺の〝荒れ〟を考えれば、強打したほうがよいと考える

●上りの1メートルは〝強打〟する

パッティングでもっともやさしいのは、「上りのショートパット」だ。ジャック・ニクラスも、「上り坂の短いパットをショートするのは最悪の罪だ」と言っている（『ジャック・ニクラスのゴルフ・レッスン』ベースボールマガジン社）。

ところが、高速グリーンで下りのファーストパットを1メートルオーバーすると、返しの1メートルはほぼストレートな上りのラインだというのにショートしてしまう……。

上りのショートパットは、少々曲がりそうでも、ストレートに狙って〝強打〟したほうがいい。理由はふたつある。

ひとつは、上り斜面にカップが切ってあるということは、カップの向こう側の壁が手前より高くなっているからだ。つまり、平らなライなら、勢いあまってカップの向こう側に飛び出してしまうような強めのパットでも、上り斜面なら向こう側の壁が高くなっている分、そこに当たってカップインしてくれる可能性が高いというわけである。

もうひとつ、カップ周辺は、ボールを拾い上げるプレイヤーに踏みつけられて荒れていることが多いということがある。

こうした場合、ジャストタッチのストロークで打つと、最後の最後にカップの縁《ふち》で止まってしまったり、意外な切れ方をしてしまうことがある。

上りのショートパットは、1メートルくらいオーバーさせるつもりで打っていい（上りだから、実際はそこまでオーバーしない）。〝強打〟するのだから、少々曲がりそうなラインでもストレートに狙うことだ。

●1メートルでも、ライン上の〝中間点〟を見つける

1メートルのパットと50センチのパットでは、カップインの確率はかなり違う。1メートルを3回に1回は外すゴルファーでも、50センチはまず外さないはずである。

そうであれば、1メートルが苦手な人は、50センチのパットだと思って打てばいい。方法は簡単。ライン上にかならずボールが通過するはずの〝中間点〟を見つけ、そこだけを狙って打てばいいのだ。

もちろん、ストロークの振り幅は1メートルを少しオーバーさせるつもりでなければならないけれど、とにかくその〝中間点〟さえボールを通過させれば、あとは黙っていてもボールはカップインする――そう信じて打てば、1メートルのパットが50センチのパットになるのである。

〝中間点〟を設定するのは、ストレートなラインでも同じこと。1メートルのストレートなラインというと、「入って当たり前」というプレッシャーに負けて外してしまう人が多いが、50センチのストレートラインなら、ＯＫパットのつもりでストロークできるはずだ。

Lesson 3

距離感の極意

●迷いが消えていく!

「43センチオーバー」の原則

●カップインさせる最適のスピードとは

ゴルフの格言でもっとも有名なものといえば、「Never up never in」。「届かないパットは入らない」というものだろう。

ラインが正しくとも、「届かないパットは入らない」。ロングパットの場合、方向は少々い加減でも、距離感さえ合っていれば、なんとか2パットで収まるものだ。

もちろん、「届かないパットは入らない」からといって、強打しすぎては、ボールはカップの向こうに飛び出してしまう。

では、どれくらいのスピードがベストなのか？

アメリカで、実際のコースのグリーンを使ってこんな実験をした人がいる。各ホールで、距離4メートル、約8センチ曲がるラインを設定。ボールのスピードをコントロールできる装置を使って、スピードごとのカップインする確率を調べる。

18ホールで何通りかのスピードでそれぞれ100パットしたとき、スピードごとのカップインの確率は次の通りだった。

①カップにやっと到達するパット→8％
②カップを5インチ（13センチ）オーバーするパット→25％
③カップを10インチ（26センチ）オーバーするパット→50％
④カップを15〜20インチ（38〜51センチ）オーバーするパット→68％

カップを20インチ以上オーバーするパットでは、スピードが速くなるほどカップインの確率は低くなった。

さらに、この確率は、カップまでの距離が1メートルであろうと30メートルであろうと変わらないこともわかった。

というわけで、「パットはカップまでの距離に関係なく、17インチ（43センチ）オーバーさせるスピードがもっともカップインの確率が高い」ということが判明したのである。

私たちは、カップという目標があると、本能的に「カップに届くギリギリの距離」で打とうとしてしまう。とくにカップが視野に入ってくる1〜2メートルのショートパットでこれをやってしまうと、ショートしがちなのはご存じの通り。これではカップインの確率は、データが示すように8％しかない。

私たちが狙うべきゴールは、カップよりも43センチ先にある。

ラインと距離感をイメージするときは、「カップを通りすぎて43センチ先で止まる」スピードをイメージすることである。

●狙うべきは「43センチ先」●

つねに「カップを43センチオーバー」させるつもりで打てば、好結果へとつながる

距離感の視覚化

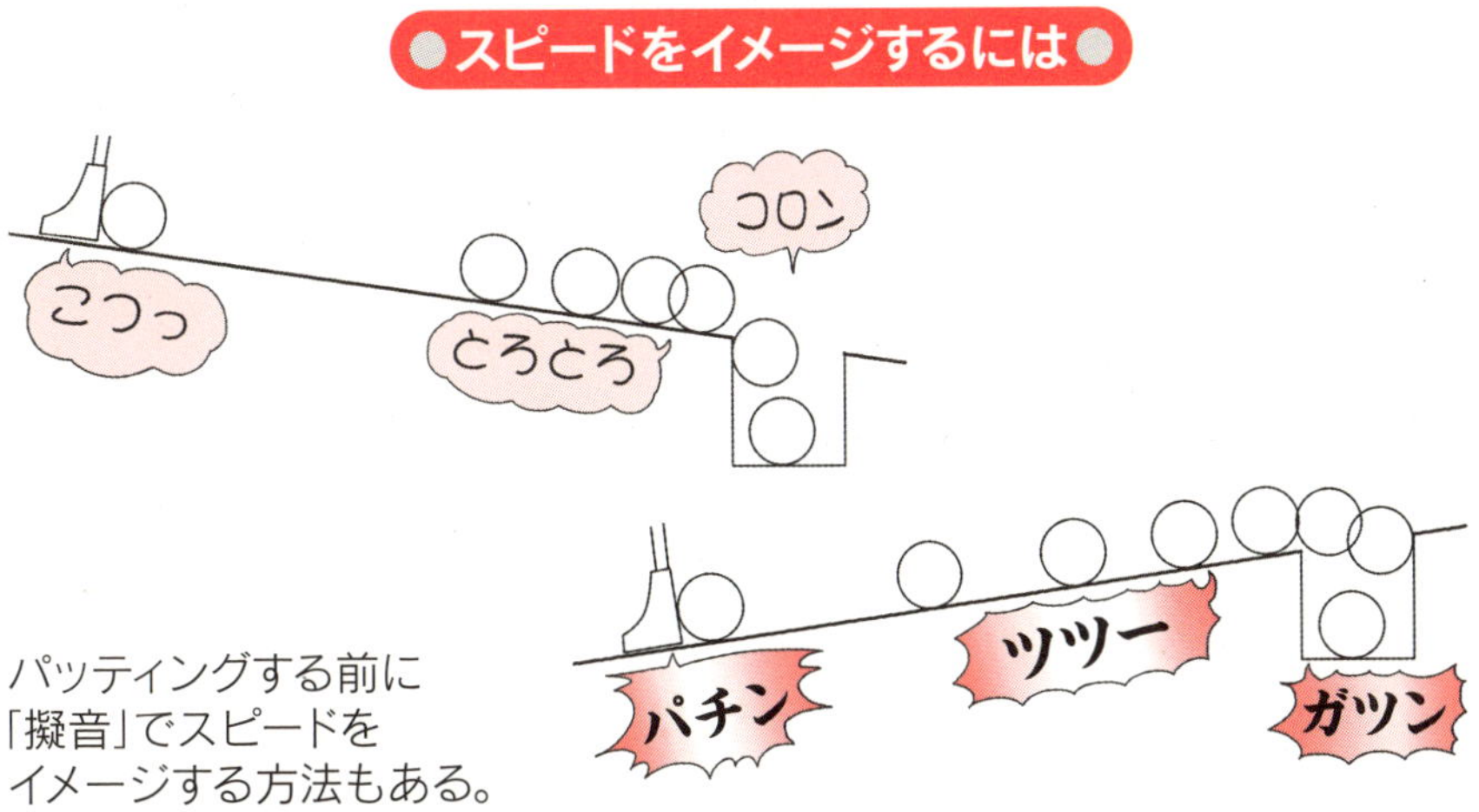

パッティングする前に「擬音」でスピードをイメージする方法もある。イメージと実際の転がり方が近づいてきたらOK

●最初にボールの転がる「スピード」をイメージする

アマチュアには、パットの距離感をストロークの振り幅でイメージしている人が多い。もちろん、それは間違いではないが、パッティングの名手は、距離をストロークの振り幅に置き換える前に、かならずイメージすることがある。それは、ボールが転がる「スピード」である。

たとえば「10メートルの軽い上りのフックライン」というおおよそのラインを想定したら、「出だしのスピードが10なら、ラインのなかほどでは6、カップ近くは傾斜がきつくなるから2、そしてもしカップにフタがしてあれば、カップの上を40センチほど通過したあたりで完全に失速してボールは止まる」のように、ボールが転がってから止まるまで、様子をそのスピードとともに明確な映像として頭に思い浮かべるのだ。

スピードがイメージできれば、そのスピードを生み出すためのタッチやストロークの大きさが自動的に決まってくる（練習はもちろん必要）。

そして、そのスピードであればどれくらい曲がるかをあらためてイメージしながら、初めてラインを読む。つまり、パッティングのイメージづくりの順番としては、

①スピード　②タッチ（振り幅）　③ラインが正解というわけである。

〝曲がるライン〟は、ボールのスピードによってカップインするラインは何通りもある。つまり、最初にボールが転がるスピードをイメージしない限り、ラインなど読みようがないことがおわかりだろう。

「スピード」といってもピンとこない人は、ボールをヒットしてからカップインするまでの「時間」をイメージしてみるといい。心のなかで「1、2、3……」と数えてみると、ボールの転がるスピードがはっきりと〝見えて〟くるはずだ。

●高速グリーンほどボールは低速で転がる

ボールが転がるスピードといったとき、勘違いしやすいのが「高速グリーン」だ。

「高速」というくらいだから、ボールがふつうのグリーンより速く転がる――そんなふうに思ってしまうゴルファーもいそうだが、これは大いなる誤解。「高速グリーン」では、じつはボールはゆっくり転がるのだ。

高速グリーンでは、ふつうのグリーンでは5メートル転がるようなタッチでストロークすると、7メートルくらいは転がってしまう。

つまり、同じタッチで打てば高速グリーンのほうがボールのスピードが出る。しかし、同じタッチではなく、同じ距離を打とうとした場合は逆。高速グリーンではタッチが弱くなるから、ボールのスピードが遅くなる。それでもトロトロと転がっていくのが、高速グリーンの高速たる所以《ゆえん》というわけだ。

歩測の意味

歩測することのメリットとは

1・2・3・4・5‥
難しいラインだな
絶対に入れたい

歩測には、距離感をつかむ助けになるだけでなく、心の落ち着きを取り戻す効果もある

●歩測をすれば、距離感への不安が消える

パッティングでもっとも大切なのは距離感。しかし結論からいうと、パッティングの距離感は、経験を積むなかで身につけるしかない。「上りの5メートルならこんな感じ」「下りの10メートルならこんな感じ」のように、〝感じ〟でしか言いようがないのが距離感。距離感を表現するのに、「タッチ」という、抽象的な言葉が使われる理由もここにある。

ただし、いくら経験を積むしかないとはいっても、漫然とパッティングしていてはいつまでたっても距離感は身につかない。

まず習慣づけたいのは「歩測」だ。上級者のなかには、歩測などせず、カップを見ただけでタッチを合わせられる人もいるけれど、そういうベテランゴルファーでも、ホントは歩測をしたほうがいい。

グリーンに上がって、ボールをマークしたら、まずはカップまでのだいたいの傾斜をチェックしながら歩測をする。「1、2、3……8歩」。すると心のなかで歩数を数えるうちに、あなたは心が落ち着いてくることに気がつくはずだ。なぜなら、このとき、あなたは歩数を数えることだけに集中しているから。「難しいラインだな」とか「絶対入れてやる」などと考えながら歩測はできないものだ。

こうして心が落ち着いたら、次にラインを読み、ラインがイメージできたところで、「8歩」の素振りをしてみる。まだ経験が浅いから、「8歩」のタッチが出ない？　いや、それは〝正確なタッチ〟を出そうとするから、出てこないのである。とにかく、ここは正確であろうとなかろうと、自分なりに「上りで8歩のタッチ」を出してみるしかなく、あとはショートしたか、オーバーしたか、結果を見ながら、タッチを修正していくしかない。

距離感は、この作業をくり返すことでしか身につかない。歩測しながら、何十回、何百回とパッティングをくり返すうちに、自分なりに歩数に応じたタッチが出せるようになってくる。

それは、障害者ゴルフで、目の見えないゴルファーが、パートナーからカップまでの距離を聞いただけで、タッチが出せるようになることでもわかる。経験を積めば、数字でしか把握《はあく》できなかった距離が、脳のなかで「タッチ」に変換できるようになる。人間はかくも素晴らしい能力を持っているのだ。

また、歩測した数字は、客観的なデータだから、ひとつの基準になりうる。基準があることをひとつの安心材料にして、実際にパッティングするときは、歩測した歩数分の距離を転がすことに集中すればいい。

歩測をしないと、基本になるデータは「見た目の距離」だけだ。ビギナーのうちはそれでは不安だろうし、実際にも誤差がある。結局、歩測をしないゴルファーは、距離感を身につけるのに時間がかかってしまうのだ。

素振りと距離感

●素振りはカップを見ながら

アベレージゴルファーには、パッティングの前の素振りをボールを見ながらしている人が多い。ラインと平行に立ち、ボールの少し手前に目を落として、素振りをするのだ。

このやり方のどこがいけないかは、輪投げやダーツを思い浮かべてみればたちどころにわかるはずだ。輪投げでもダーツでも、〝素振り〟をするときは100人が100人、ターゲットを見ながら素振りをする。いうまでもなく、そうしないことには距離感が出ないからで、輪投げの輪やダーツの矢を見ながら素振りをする人はまずいない。

しかし、そんな人も、パッティングになると、ボール（またはボールの少し手前）を見ながら素振りをしてしまうのは、ヘッドがボールにスクエアに当たるか、ヘッドが波打たないかどうかなど、ストロークのことが心配で、それをチェックしようとしているのだ。

これをして「アブハチ取らず」という。素振りは、あくまでタッチを出すためにやるべきものだ。このとき、ストロークの仕方やヘッドの芯をボールにスクエアに当てようなんてことを気にしていては、気持ちが分散して、タッチなど出るものではない。

タッチを出すためには、ストロークの仕方などというメカニックなことは一切忘れて、ターゲットを見ながら素振りをするしかないのである。

●〝素振りの場所〟で、タッチを出す方法

プロゴルファーのなかには、上りのラインではボールの後ろ、下りのラインではボールよりカップ寄り（ラインを踏まない場所）で素振りをするゴルファーがいる。

たとえば上りの5メートルのパットがあり、水平のグリーンなら6メートルのタッチが必要だと判断したとする。そんなとき、プロはボールの1メートル後ろ、つまり実際にカップまで6メートルの距離に立って、その距離を目で確認しながら素振りをする。

反対に、下りの5メートルだが4メートルのタッチでいいと判断すれば、1メートルカップに近づいて、実際に4メートルの距離を見ながら素振りをしてタッチを出そうとしているわけだ。

傾斜によって自分の距離感を調整するのは簡単ではない。しかし、傾斜による距離の増減を加味して、水平なグリーンだと想定してしまえば、これまで培《つちか》ってきた自分なりの距離感が生かせるというわけだ。

●たとえば5メートルのパットなら…●

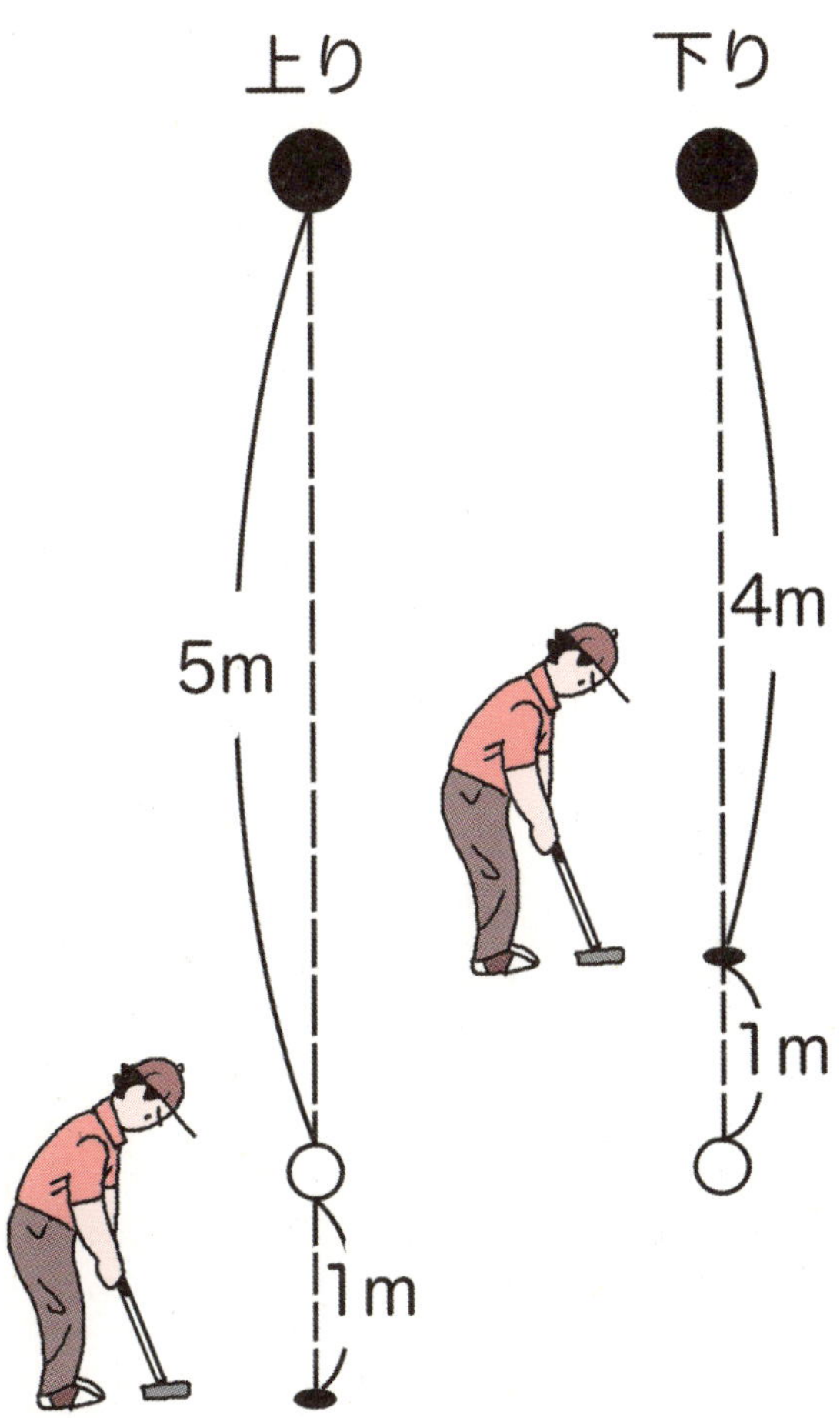

上りはボールの1m後ろ、
下りはボールの1m前で素振りをすると
リアルなタッチが出せる

“脳内カップ”

●カップの存在をどこで意識するのか？●

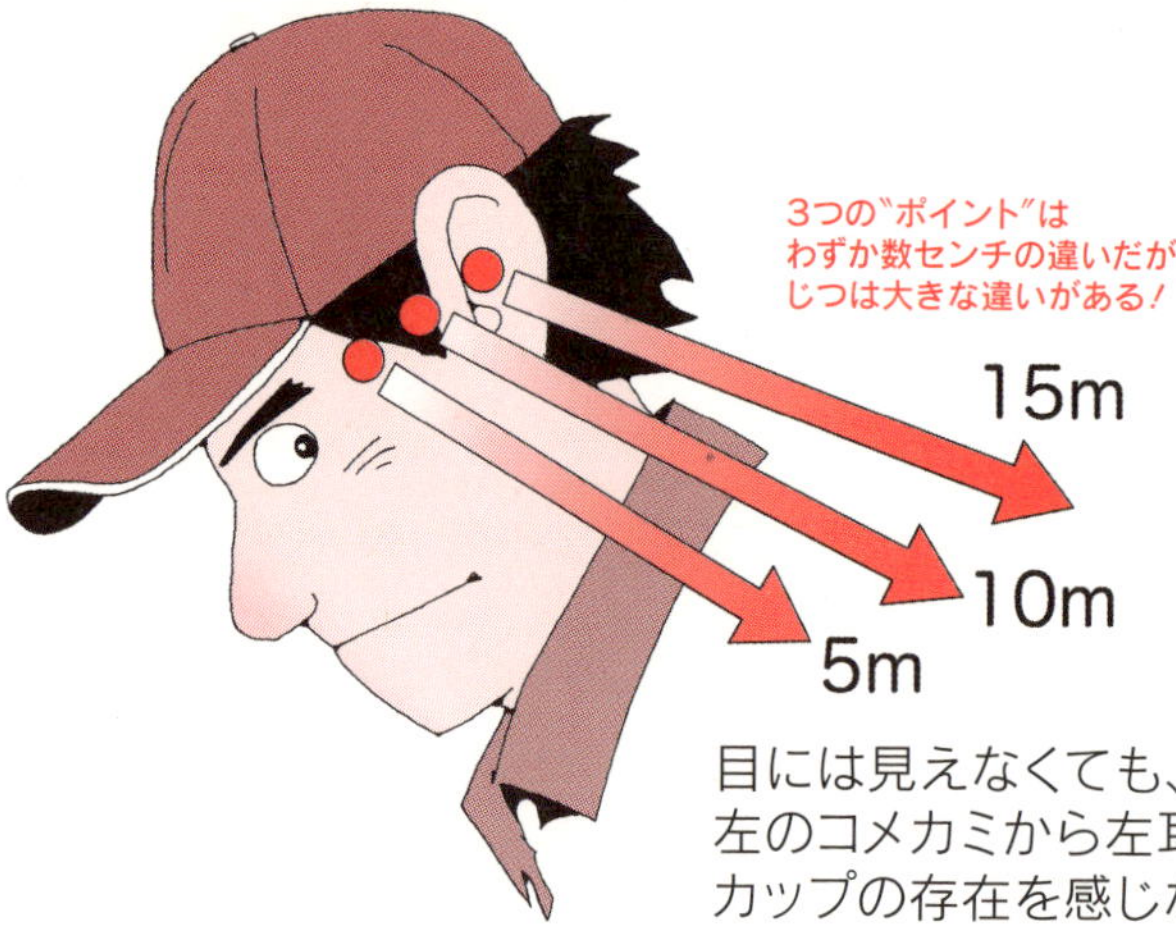
3つの“ポイント”は
わずか数センチの違いだが
じつは大きな違いがある！
15m
10m
5m

目には見えなくても、
左のコメカミから左耳のあたりに
カップの存在を感じながら打つ

●左のコメカミにカップをイメージする

ロングパットほど距離感を出すのは難しいもの。ここでは、その理由を探ることで、タッチの出し方の核心に迫ってみたい。

ロングパットの距離感が出ないのは、練習や経験が足りないからというだけではない。本質的な理由は、ロングパットは、ストロークするときカップが見えないからなのだ。

たとえば、ゴミ箱に紙屑《かみくず》を放り投げるとき、私たちはゴミ箱を見ながら紙屑を投げる。私たちの脳は、ゴミ箱というターゲットを「見る」ことで、瞬時にそこまでの距離を把握し、そのターゲットに届くような腕の振り方を身体の各部位に発令するわけだ。

パッティングの前の素振りも同じ。私たちはカップを「見る」ことで、「あそこまでなら、このくらいの感じ」というタッチを見つける。そして、「このタッチならカップインする」と判断して、アドレスに入る。

ところが、いざボールを打つ段になると、ゴルフでは視界からターゲットが消えている！　野球でいえば、キャッチャーの姿が見えないのにボールを投げなければならないピッチャーと同じ状況に置かれるのだ。

しかし、パッティングの巧者は、カップが視界から消えても、じつはカップが見えている。その場所は、視野の左、もちろん外側である。感じとしては、左目の端《はし》から左耳を結んだ線の上に、カップの存在を“感じている”のだ。5メートルなら左目と左耳の中間、ちょうどコメカミあたり。10メートルならコメカミと左耳の間。15メートルなら左耳のあたりにカップがある――そんなふうに感じながら、そこまでの距離を打とうとする。で、その“目には見えないけれど、存在が感じられるカップ”までの距離感が正確なゴルファーほど、ロングパットの距離感がいい。

一方、ロングパットとなると距離感がまったく出なくなってしまう人は、どれだけ素振りでタッチを出しても、アドレスに入ってボールを見たとたん、カップの存在がまったく感じられなくなってしまう。いわば“脳内グリーン”からカップが消えてしまうのだ。

これではタッチなど出せるはずがない。そこで、「たしか10メートルくらいはあったはずだから、だいたいこんな感じだろう」と、きわめて大ざっぱな距離感で打ち、大ショートさせたり、大オーバーさせたりする。この場合、このゴルファーは、距離感を「10メートル」という数字でしかとらえていないことになり、イマジネーションを使っていない。これでは、いつまでたっても本当の距離感が身につかないのだ。

素振りでカップまでの距離感が出たら、そのイメージが消えないうちにストロークを始めよう。ここで時間をかけすぎると、あなたの“脳内グリーン”からカップが消えてしまうのだ。

距離感のコントロール

ヘッドの振り幅は高さの平方根に比例する

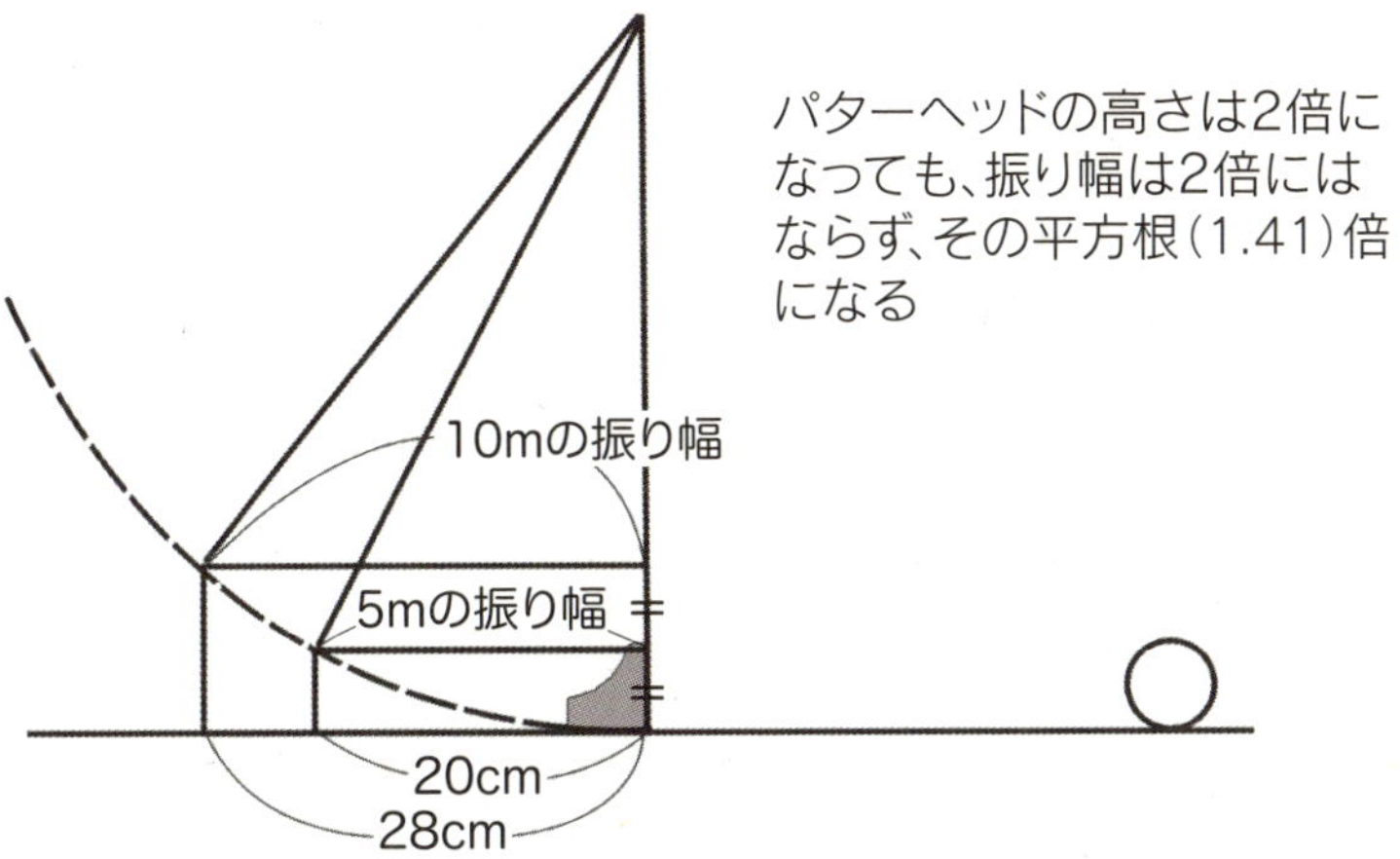

パターヘッドの高さは2倍になっても、振り幅は2倍にはならず、その平方根(1.41)倍になる

●距離感は〝インパクトの強さ〟で調節しない

ロングパットでは、いわゆる〝パンチが入る〟というミスが出やすい。

反対に、下りの速いラインでは、手先だけを使ってヘッドを動かそうとしたり、インパクトした瞬間にヘッドを急停止させようとしたりして、ショートするというミスも多い。

ふたつのミスには共通点がある。それは、いずれも距離感を〝インパクトの強さ〟、つまり手の感覚で調節しようとしていることだ。

なるほど人間の手先は器用だから、手先を使えば距離感も出しやすそうに思える。しかし、人間の手先は器用であると同時に繊細《せんさい》でもある。そのため「しっかり打とう」とか「そ〜っと当てよう」という意識が強すぎると、手先はその意識に〝過剰反応〟しやすい。まして、プレッシャーがかかった状態では、手先がシビれてイップスのようになってしまうこともある。

距離感は、あくまでストロークの大きさで調節したほうがいい。正しいストロークは背中などの〝鈍感《どんかん》で大きな筋肉〟を使うから、プレッシャーがかかった状態でも、ちゃんと動いてくれる。

●「2倍の距離は2倍振る」というウソ

5メートルなら右足のツマ先がトップ、10メートルならその倍——そんな具合に、ストロークの大きさで距離感を調節しているゴルファーが多い。

しかし、物理学的には距離を調節しているのは「ヘッドの振り幅」ではなく「ヘッドの高さ」である。

ヘッドをある高さからグリーン上のボールに向かって落下させることで、ヘッドの「位置エネルギー」を「ボールが転がるエネルギー」に換《か》えている。つまり、5メートルの距離感が身についているゴルファーが10メートルのタッチを出すためには、ヘッドを5メートルのときの2倍の高さにまで持っていけばいいわけだ。

ただし、振り子式の場合、ヘッドの高さは振り幅には比例しない。上のイラストのように、振り幅の平方根に比例する。

ということは、仮に5メートルのタッチを出すときにクラブヘッドを20センチ引いているのだとすれば、10メートルのタッチのときは、2倍の平方根である約1・41倍の振り幅(この場合は約28センチ)でいいということになる。

逆に、5メートルの半分(2・5メートル)のタッチなら、2分の1の平方根である約0・7倍の振り幅(この場合は14センチ)ということになるわけだ。

もちろん人間は機械ではないから、完全な振り子のようなパッティングはできないけれど、距離が2倍なら振り幅も2倍とはならないことは、おわかりのはずである。

〝縦の傾斜〟をつかむ

●グリーンの傾斜は、上がる前につかんでおく

パッティングでボールの転がりをもっとも左右するのは、グリーンの速さでもなければ芝目でもない。グリーンの傾斜である。

パッティングの距離感をつかむためには、ラインが上りなのか、下りなのかをつかんでおくことが最低条件なのだが、ゴルファーはこの肝心なところで勘違いしやすいのだ。

たとえば、富士山の山麓《さんろく》に位置しているコースは、コース全体が富士山からの傾斜地のなかにあるため、グリーンも全体的に富士山から下に向かって傾斜していることが多い。しかし、コースのなかでプレイしていると、そうした全体的な傾斜に気づきにくい。上り傾斜だと思ったものがじつは下り傾斜だったり、その逆だったりするのだ。

こうした錯覚に陥《おちい》らないためには、グリーンに上がる前にだいたいのグリーンの形状をつかんでおくことに限る。グリーンというのは、いったんその中に入ってしまうと、どこが高くてどこが低いのかわかりにくくなる。

しかし、グリーンの外からなら、グリーンの高低差がよくわかる。ショットがグリーンをとらえたら、グリーンに向かいながら、グリーン全体のアンジュレーションを見て、自分のボールは下り傾斜にあるのか、上り傾斜にあるのかを確認しておく。

ポイントは、最初にグリーンの一番高いところと一番低いところを見つけること。それがわかれば、自分のボールの位置とカップを結んだラインが上りか下りかがわかるはずだ。

アマチュアには、ラインを読むとき、フックなのかスライスなのか、〝横の傾斜〟ばかり読もうとする人が多いが、まずは上りなのか下りなのか〝縦の傾斜〟を知ることがもっとも大切なのである。

●傾斜は〝足の裏〟で感じるべし

グリーンの傾斜を知るためには、視覚だけに頼らないことも大切。

そこで活用したいのが、人間のバランス感覚である。地震による地盤沈下などで家が少しでも傾くと、家の住人は、立っているだけでそれがわかるという。

つまり、足の裏で床が傾いていることがわかるわけだが、人間のバランス感覚はそれくらい優《すぐ》れているのだ。

グリーンの傾斜を調べるときは、自分の足の裏に意識を持っていこう。足の裏は風景にはごまかされない。カップからボールまで歩けば、微妙な傾斜が感じられるはずだ。

●視覚だけの情報に惑わされない●

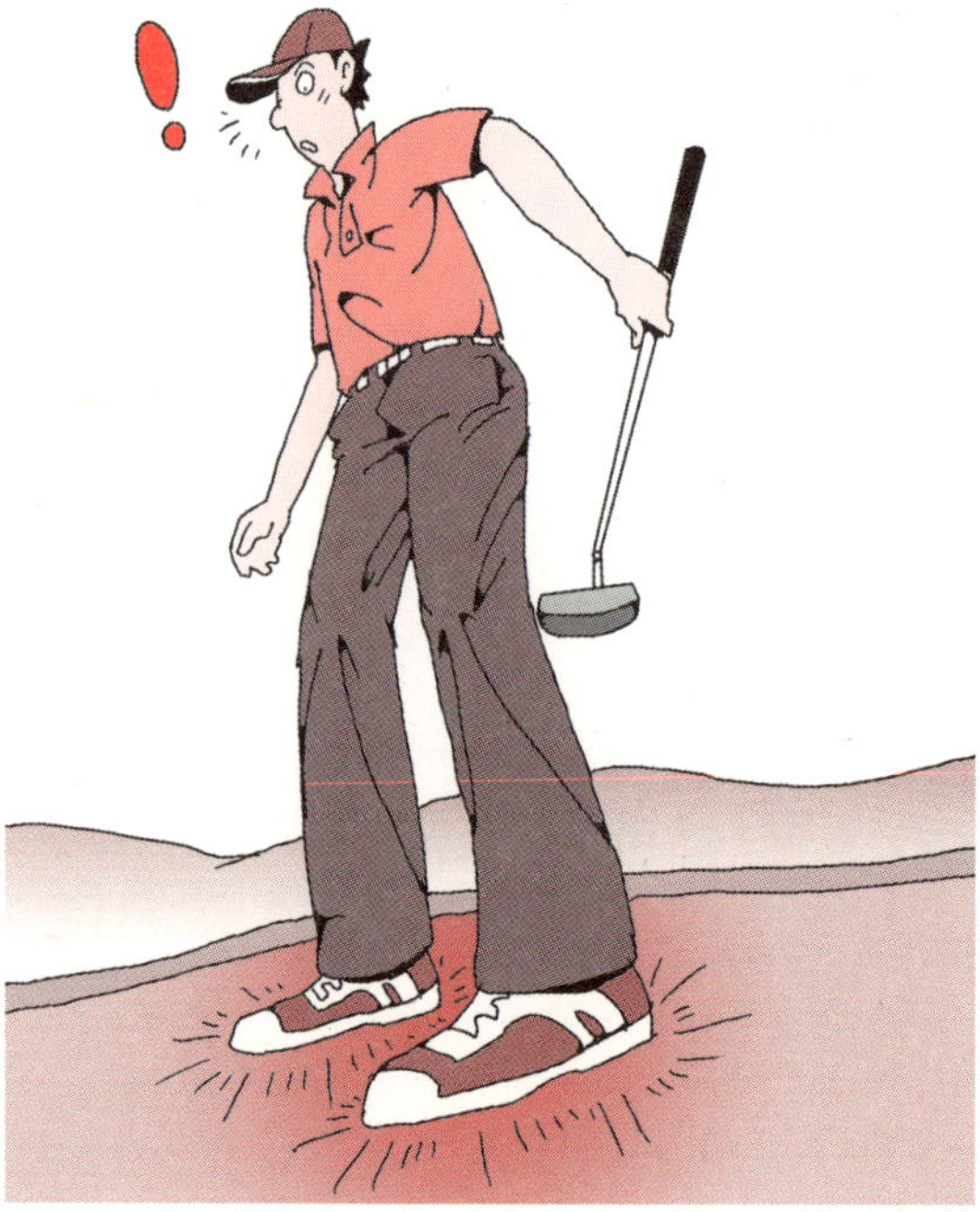

グリーンの傾斜を知るには、
人間が備えている
「バランス感覚」が頼りになる

距離と傾斜の錯覚

●下りのパットが長く見える理由

下りのパットはオーバーしやすく、上りのパットはショートしやすい——いずれも傾斜を甘く見たための距離感のミスといえそうだが、じつは目の錯覚という場合もある。

左のイラストは、ゴルファーが、

❶水平なグリーン上で
❷斜面の上から
❸斜面の下から

カップを見ている図である。どれもゴルファーとカップまでの距離は同じなのだが、斜面の上からは目とカップまでの距離がボールとカップまでの距離より長くなり、斜面の下からは距離が短くなる。

そのため、下りのパットは距離を長く見すぎてオーバー、上りのパットは距離を短く見すぎてショートしやすくなる。距離を錯覚しないためには、カップまでの距離を歩測しておくことだ。

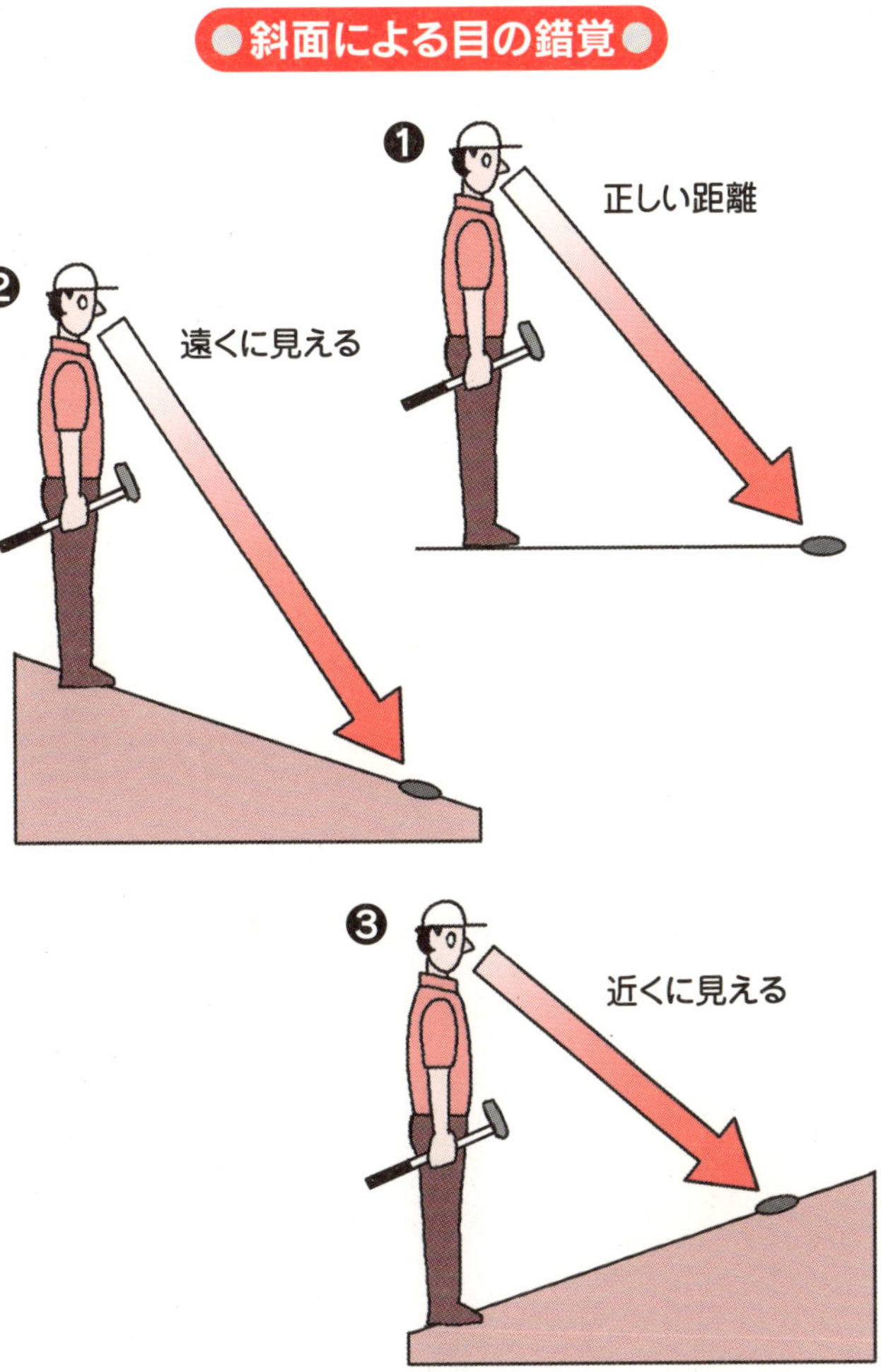

いずれもゴルファーからカップまでの距離は同じだが、斜面によって、違って見える

●グリーンの奥が抜けていると遠く感じる

ショートホールでは、グリーンの奥が林だと、その林が手がかりになるため、グリーンが実際より近く見え、反対に、グリーンの奥に何もないと、グリーンが遠く見えやすい。

同じことは、グリーン上でも起こる。ロングパットの場合に限られるが、カップの向こうに何もないと距離を遠く感じ、林などがあると近く感じやすい。こうした錯覚に陥らないためには、やはり歩測をするしかない。

●水平感覚をキープする裏ワザ

グリーン上で、上りと下りを錯覚しやすいのは、グリーンが曲面になっているからともいえる。グリーンがまっ平らということはありえないし、その傾斜もベニヤ板を傾けたような平面的な傾斜ではない。グリーンはすべて曲線で成り立っており、それがさまざまな錯覚を呼び起こすわけだ。

そこで大切になるのが「水平感覚」。グリーンの面ばかり見ていると、しだいに水平感覚が狂ってくる。ときには目線を上げて、周囲に水平なものがないか探してみよう。遠くの建物の屋根でもいいし、真《ま》っ直《す》ぐに伸びている大木でもいい。垂直がわかれば、水平もわかる。そうやって水平感覚をキープするのも、傾斜を錯覚しないコツである。

仮想カップ

●傾斜に応じた「仮想カップ」設定法

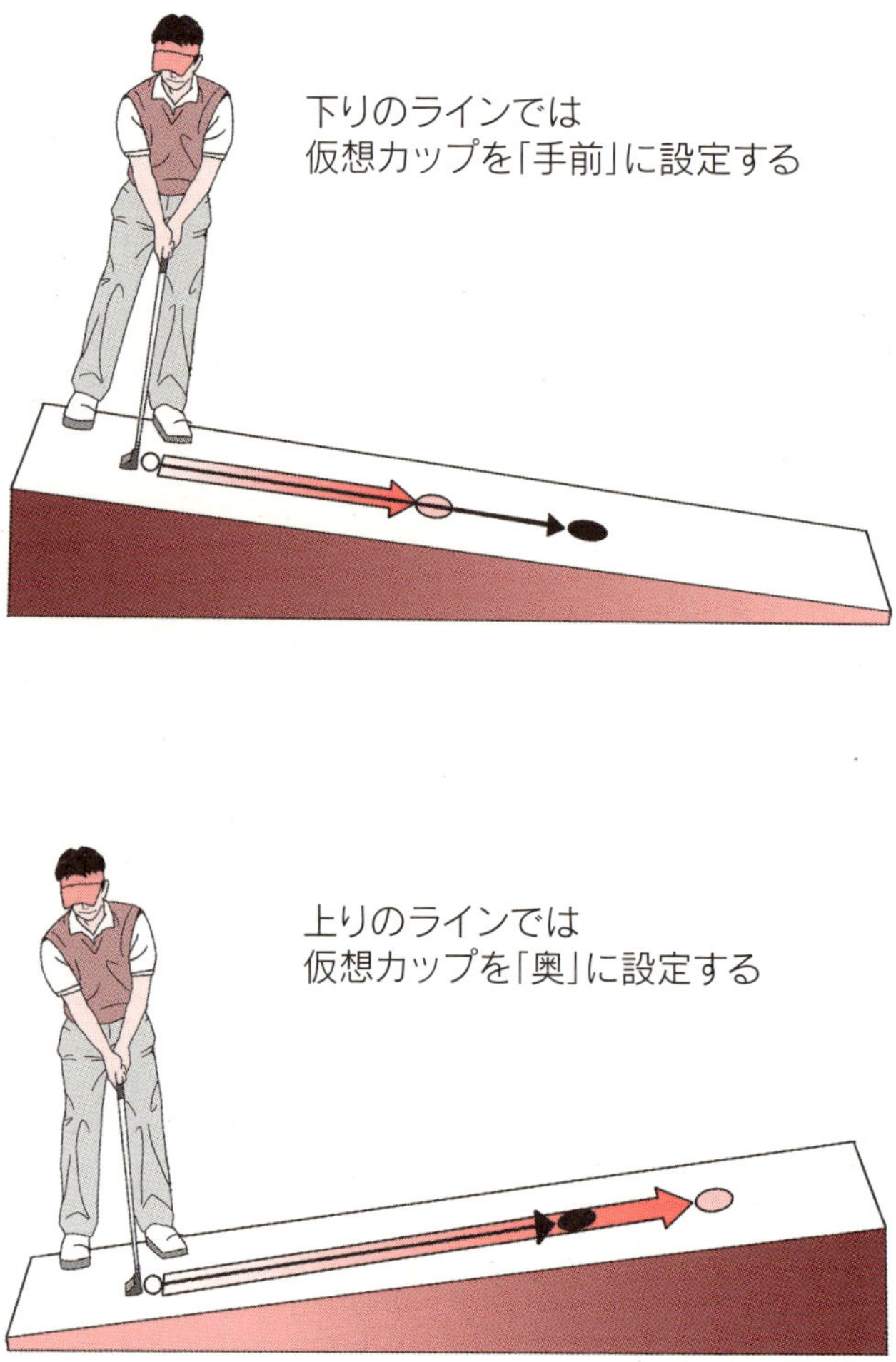
下りのラインでは
仮想カップを「手前」に設定する
上りのラインでは
仮想カップを「奥」に設定する

●上り・下りのパットはカップの位置を前後に移動

　数メートル離れたところにあるゴミ箱に、丸めた紙屑を放り投げてみる。おそらく誰がやっても、それほど距離感は狂わないはずだ。人間の〝目カン〟、つまり「目標までの距離を目測し、だいたいこの程度の力で投げれば（打てば）いいという読み」は、じつはかなり正確なのである。

　パッティングでも、平らなグリーンなら、〝目カン〟による距離感はそう大きくは狂わないはず。ところが、これが上りや下りのパットとなると、ときに大ショートしたり、大オーバーしたりしてしまう。傾斜による転がりのプラスマイナスを正確に計算するのは、プロでも難しい。そこで、上りや下りのパッティングでは、次のように単純化してしまう方法もある。

　それは、上りならカップの位置を1メートル後ろに移動させ、その〝仮想カップ〟を目標にする。下りなら、カップの位置を1メートル手前に移動させ、やはりその仮想カップを狙うのである。

　その際の距離感は、仮想カップまでの〝目カン〟に従えばいい。つまり、たとえば10メートルの上りのライン、仮想カップを実際のカップの1メートル先に設定したら、平らなグリーンで11メートル打つイメージでパッティングすればいい。

●「ショートばかり」のときの仮想カップ設定法

　前項で紹介した〝仮想カップ〟を設定するという方法は、傾斜からのパッティングだけでなく、「今日はショートばかり」というときにも使える。

　ショートが続くと、どうしても「次からは強く打とう」と思ってしまうものだが、そうなるとパンチが入りやすい。

　こんなときは、仮想カップを実際のカップの1メートル先に設定して、それまでのタッチを変えずにパッティングしてみるのだ。反対に、グリーンが速く、「今日はオーバーばかり」という日は、カップの手前に仮想カップを想定すればいい。

　ラウンド中に「その日のタッチ」を変えるのは難しいものだが、「その日のタッチ」に合わせて仮想カップを設定すれば、「その日のタッチ」のままパッティングできるわけだ。

ロングパットの距離感

●上りのラインを残す

プロゴルファーでも、15メートル以上あるロングパットは、「3パットしないこと」を最優先に考えるものだ。2パットで十分。1パットなんていうのは、棚ボタみたいなものだろう。

ロングパットを2パットで収めるためには、上りのラインを残すというのが基本中の基本だが、アマチュアのなかには、カップしか眼《がん》中《ちゅう》になく、〝次のパット〟のことなどまったく考えない人も多い。

ロングパットを3パットしてしまうのは、まず難しいセカンドパットが残ったときだ。3パットしないためには、ファーストパットで「狙わない」というのではない。「狙いはするのだが、入らないまでも、やさしい上りのラインが残る」ようなタッチと方向性を出すべきなのだ。

以下、ライン別にその基本的な考え方を紹介しておこう。

＊上りのロングパット→大オーバーだけは避ける（パンチを入れない）。

＊下りのロングパット→ショートだけは避ける（ビビりすぎない）。

＊曲がるロングパット→ラインを浅めに読む（厚めに読むと、ボールが曲がりきらずにカップの上で止まり、下りが残る可能性大）。

ロングパットで3パットしないためには、カップ周辺の傾斜も確かめ、狙いつつも、〝次のパット〟のことを念頭に置いてパッティングすることだ。

●距離を二〜三等分して距離感を出す

15メートル以上のロングパットとなると、まったく距離感が出ないというアマチュアゴルファーは少なくない。

月イチのゴルフでは、それもやむをえないが、そんなゴルファーでも、5メートルのパットなら、まずまず距離感は出せるのではないか。

そうであれば、15メートルのロングパットも、さほど難しくない。15メートルを三等分して、「5メートルのパット×3」と考えるのだ。

まず、カップまでの距離を三等分して、最初の5メートルの地点を見ながら、5メートル分の素振りをする。次に、10メートル先の地点を見ながら、10メートル分の素振りをする。そして最後に、カップを見ながら15メートル分の素振りをするのである。

この段階的な素振りでは、目標が遠くになるほど、上半身の前傾角度が浅くなり、目の高さが変わってくるはずだが、それでいい。これは身体（構え）がじょじょに15メートルの距離になじんでいった証拠で、こうしてイメージができたら、そのイメージがなくならないうちにストロークする。

プロゴルファーのなかには、ロングパットの前に、ラインの中間あたりで素振りをする人が多いが、彼らは距離を二等分することで、距離感を出しやすくしているわけだ。

アニカ・ソレンスタムも、ロングパットでは中間点を決め、そのポイントを通過するボールの様子をイメージするという。二等分方式でいくか三等分方式でいくかは、距離に応じて決めてほしい。

●カップをバケツだと思う

カップの直径は10・8センチ。じつは一升瓶がすっぽり入る大きさである。しかし、15メートル以上のロングパットともなると、カップは見えないほど小さく、まさしく点になってしまう。

ゴルファーは、ターゲットが小さくなるほど腕の動きが萎縮《いしゅく》しやすいもの。その結果、ストロークがスムーズにできなくなり、距離感も合わなくなってしまう。

というわけで、ロングパットのときは、カップをバケツだと思ったほうがいい。そのほうがストロークがスムーズになり、距離感も合いやすくなるのだ。

3パットを避けるコツ

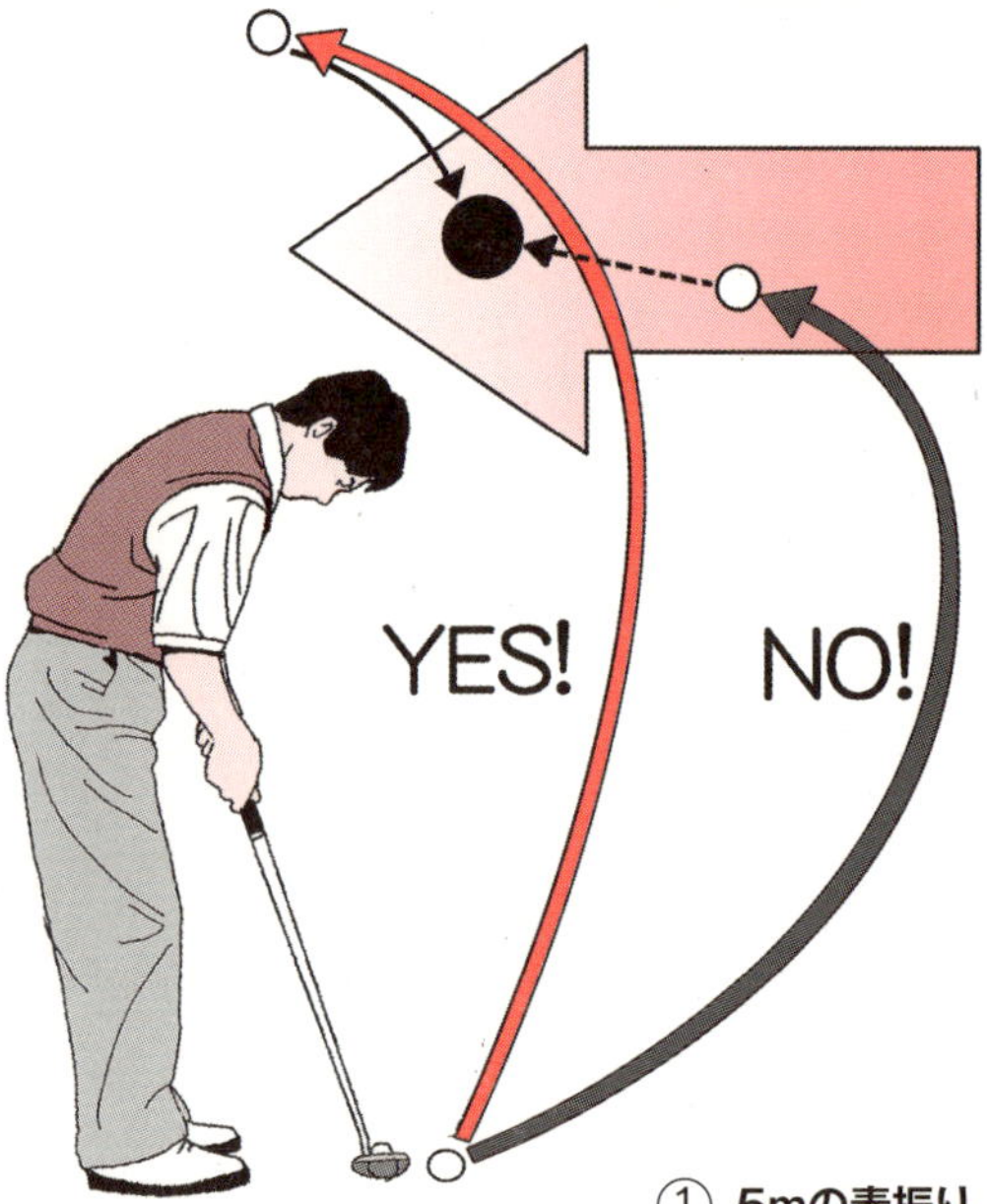

フックラインでは、ラインを深めに
読むとボールが曲がりきらず、
難しい下りが残る可能性が大きいが、
浅めに読んでおけば、
たとえ曲がったとしても、
上りが残るので返しのパットが
入れやすくなる

① 5mの素振り

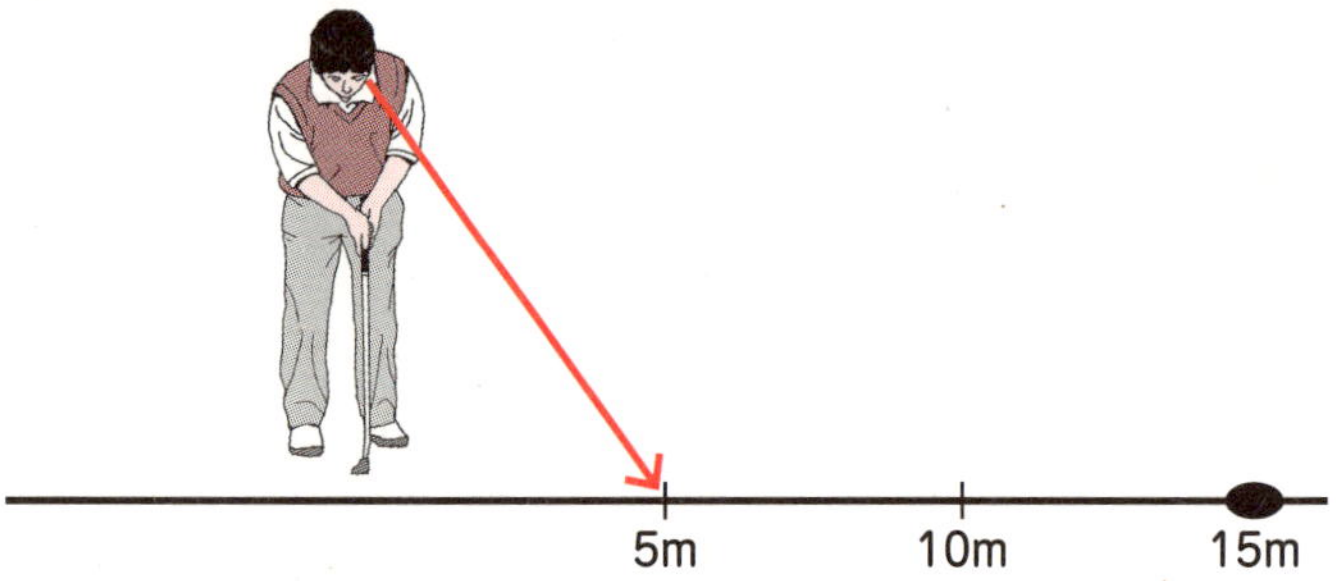

② 10mの素振り

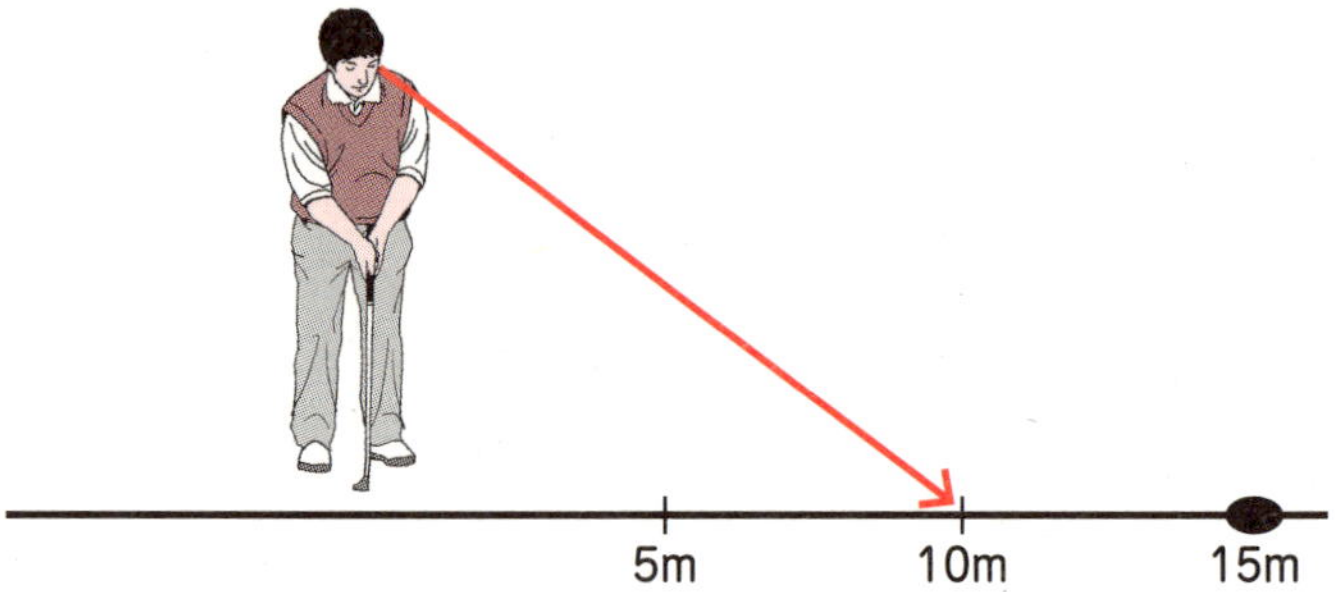

③ 15mの素振り

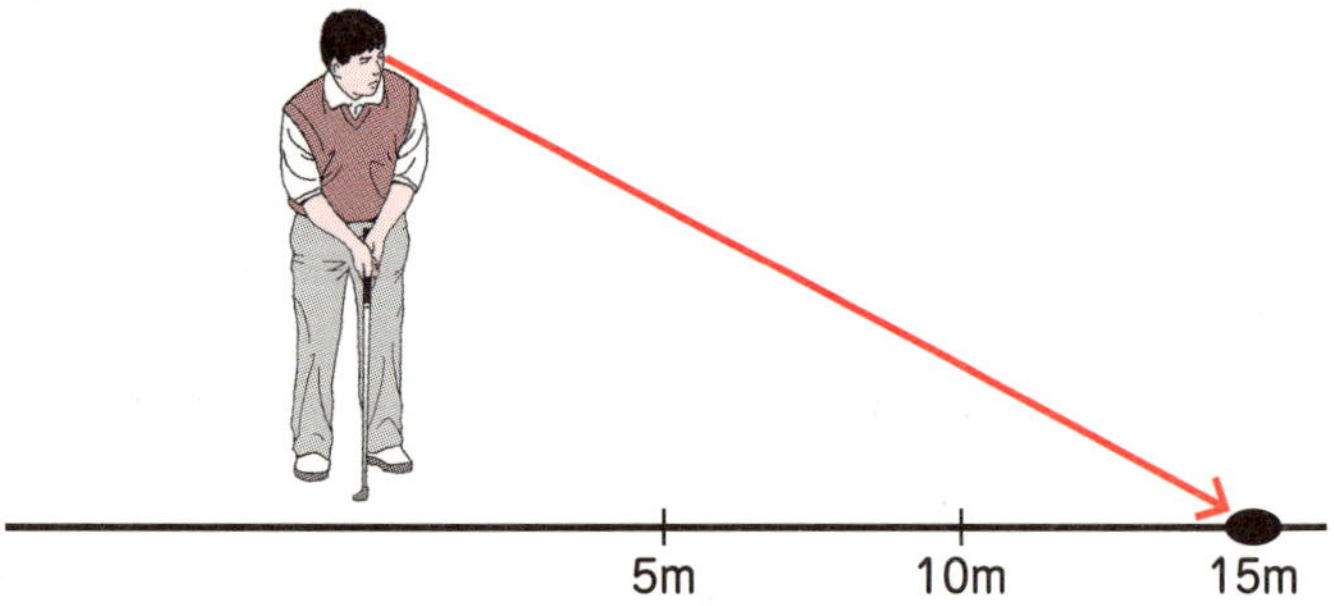

たとえば、15メートルの
ロングパットは「5メートル
のパット×3」と考える。
5・10・15メートルと距離を
伸ばしながら、素振りも
大きくしていく。
このとき距離が長くなれば
なるほど、上体が起きて
くるが、それでよい

ロングパットのストローク

●ロングパットは下半身を使っていい

パッティングでは、膝《ひざ》や腰などの下半身を動かさないのが基本。下半身はどっしりと固定。上半身の前傾角度と頭の位置をキープして、肩の動きでストロークする。

しかし、15メートル以上あるようなロングパットとなると、その限りではない。たとえばボールを投げるとき、長い距離になればなるほど、下半身を使う度合いが大きくなるものだが、パッティングもそうあってしかるべき。ロングパットなのに、絶対に下半身を動かすまいとすると、かえってストロークがぎくしゃくしてしまったり、パンチが入ってしまうことが多いのだ。

ロングパットを打つときの下半身の動きは、基本的には短いアプローチと同じだ。軽い体重移動とともに、ほんの少し腰も回る。すると、パターの軌道は少し「イン・トゥ・イン」になる。

どれくらい下半身を使えば、どの程度転がるのかは、ぜひ練習グリーンで試してみてほしい。

●スタンス幅を広くする利点とは

アプローチショットでは、距離が短いときはスタンス幅が狭く、距離が長くなるほど少しずつスタンス幅が広くなる。

これは、短い距離のアプローチではスイングアークが小さく、体重移動もほとんどないから。それには、スタンス幅が狭いほうがスムーズに体が回転できる。反対に、長い距離のアプローチはスイングアークが大きくなり、体重移動も少し入るから、ある程度のスタンス幅が必要になるわけだ。

パッティングでも、ロングパットのときはスタンス幅を広くするプロもいる。スタンス幅を広くすれば、ストロークの幅が大きくなっても下半身がグラつかない。

また、スタンスを広くすると、「イン・トゥ・イン」になる度合いが小さくなるため、インパクトでスクエアに当たる確率も高くなる。

●ロングパットでの身体の使い方●

軽い体重移動とともに、ほんの少し腰も回る

●ロングパットを安定させるコツ●

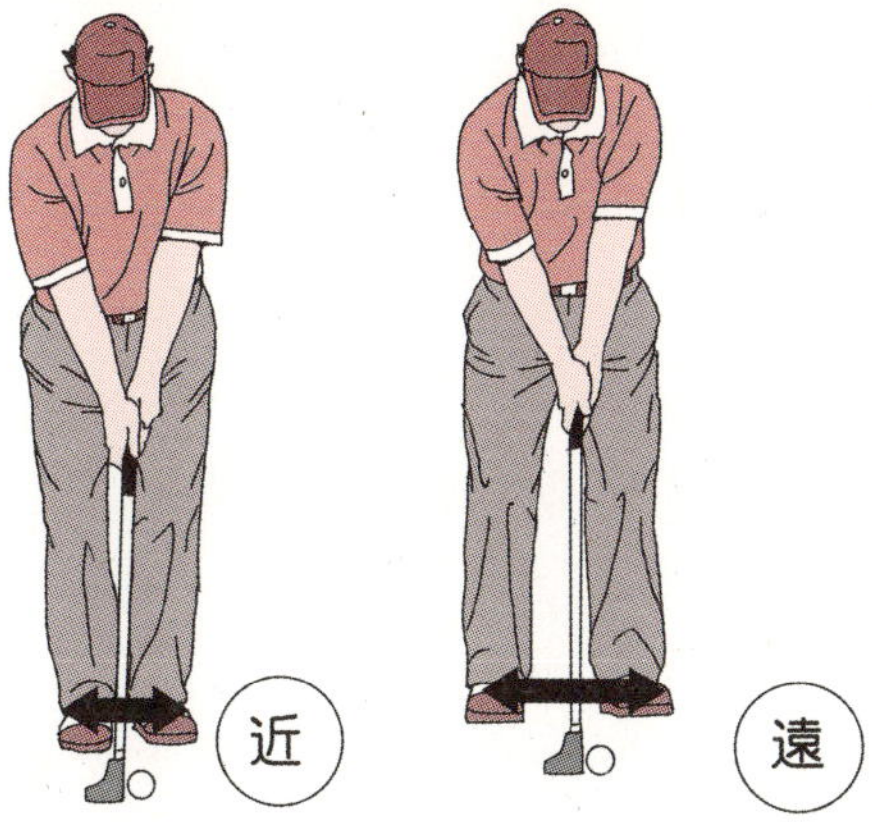

長い距離のパットは、スイングアークが大きくなるため、スタンス幅が狭いとぐらつく。スタンスは広めでいい

超ロングパット

●「ピンを抜かない」メリット●

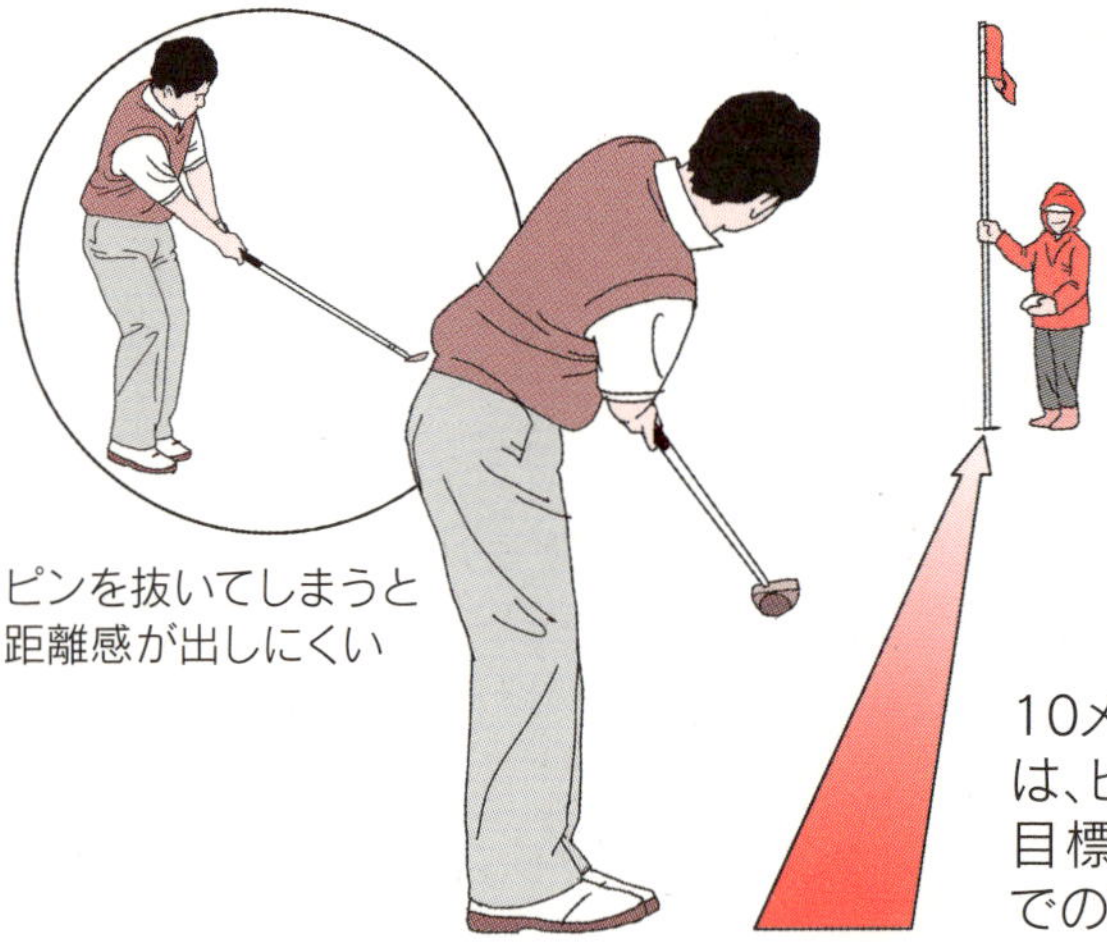

10メートル以上のロングパットは、ピンを抜かずに打つことで目標がクリアになり、カップまでの距離感を出しやすくなる

●アプローチのイメージで打つ

ロングパットを打つときの下半身の動きは短いアプローチと同じだといったが、20メートルもあるロングパットのときは、いっそのこと「グリーン外からのアプローチ」のつもりで打ったほうがいいというのは、青木功プロだ（『賢者のゴルフ』カッパブックス）。

20メートルをすべて転がそうと思うと難しいが、7番アイアンで5メートル、キャリーさせて、15メートル転がす――パターでもそんなイメージでストロークしたほうがカップに寄る可能性が高いというのである。

青木プロは、「右手の感覚を生かして、素直にヘッドをストロークしてやる（略）。転がしのアプローチはロングパット、ロングパットはアプローチのつもりで打つ。こんな柔軟な考え方が、ボールを楽々とワンパット圏内に運んでくれる」と言っている。

ランニング・アプローチが得意なゴルファーなら、なるほどと頷《うなず》かれるはず。もっとも、アプローチに自信のない人がこれをやると、グリーン上でザックリということになりかねない。やはり相応の練習は必要だろう。

●カップが見えてもピンを抜かない

ラウンド中、ロングパットを打つ場面になると、キャディーさんがピンを持っていてくれることがある。

こんなとき、キャディーさんに気をつかってか「カップは見えるから、ピンを抜いていいよ」というゴルファーが少なくない。相手がキャディーさんではなく同伴競技者だと、いよいよ気をつかって、本当はカップが少し見づらくても、「抜いていいです」などと言ってしまうゴルファーもいるだろう。

しかし、カップが見づらいときに誰かにピンを持ってもらうのは、マナー違反でも何でもない、いわばゴルファーの権利だ。

いや、カップの位置ははっきり見えていても、10メートル以上あるようなロングパットでは、ピンは抜かないほうがいいのである。

理由は単純。ピンが見えること、そしてそのそばに人がいることで、目標がよりクリアになり、カップまでの距離感が出しやすくなるからだ。十数メートル先にかろうじて見えるカップよりも、ピンと人間がいる大きなゾーンを狙ったほうが、寄る可能性はずっと高いのだ。

●練習グリーンの端から端まで打ってみる

超ロングパットの距離感を出すためには、事前の準備も重要。それはスタート前の練習グリーンで、グリーンの端から端まで30メートルはありそうな超ロングパットを何球か打っておくということである。

そのときのタッチを覚えていれば、「20メートルならこのくらい」というタッチが引き算によってつかめるというわけだ。

下りの速いパット

●トゥで打つのは「裏ワザ」と心得る●

基本はやはり「芯で打つ」こと。芯を外して打つのは「絶対にオーバーだけはしたくないときのみ」と考えよう

●グリップをしっかり握って〝入れにいく〟

ボールに少し触れただけで、3メートル以上転がりそうな下りの急斜面。こんな斜面からのショートパットは、まず腹をくくること。そして、ラインに乗せることだけを考えて、最初から入れにいこう。

「OKにつけよう」「ジャストタッチでいこう」などと考えると、たいていショートしてしまい、イヤな下りが残る。そして3パットする。

ポイントは、グリップをしっかり握って、フェイスの面が絶対に変わらないようにすること。そして、インパクトの力加減を調節しようとせずに、あくまでゆっくりストロークする。

入れにいった以上、オーバーするのはやむをえない。が、返しは上りのパットが残る。ファーストパットのラインをしっかりと目に焼きつけておけば、返しのラインはわかるはず。勇気をもって、入れにいくべし！

●下りのショートパットこそ、芯で打つ

パッティングの鉄則のひとつに「芯（スウィートスポット）で打つ」というのがある。芯で打ったボールは、きれいな順回転、いわゆる〝転がりのいいボール〟になる。そのため、スパイクマークなどのキズにも負けず、想定したラインの上をイメージ通りに転がってくれる。

芯で打ったボールは、距離感も合う。実際、素振りのときは芯で打つことを前提にしてタッチを出しているのだから、芯を外せばショートするのが道理。芯を外したボールは、たとえラインに乗っていても、カップの手前で切れることも多い。

ただし、ひとつだけ例外があって、それは下りのショートパット。さわるだけでカップを1メートル以上オーバーしそうな下りのパットは、あえて芯を外して打つ（トゥ寄りで打つ）という方法もないわけではない。

たしかにトゥ寄りでヒットしたボールは転がりが悪くなるから、大オーバーだけはしない。つまり、この打ち方は、3パットだけは絶対にしたくないというときの裏ワザといえばいいか。

しかし、下りのショートパットを入れようと思うのなら、やはり芯で打つことだ。芯で打ったボールはラインに乗りやすい。想定した出球のラインを信じることは、どんな場合も同じ。例外はつくらないほうがいい。

さらに、わざと芯を外した打ち方をしていると、ストロークのリズムが変わったり、インパクトのときにヘッドの向きが変わったりして、いろんなミスの原因になる。簡単な上りのパットも打ちきれなくなるなど、ドロ沼にはまることだってあるだろう。

パットは芯で打つ――やはりこれは例外のない鉄則なのだ。

二段グリーンの攻略

●"一階"と"二階"は、平らとは限らない

二段グリーン、ましてや三段グリーンとなると、上りでも下りでも、距離感がまったく出ないというゴルファーは多い。

「だいたいこんな感じかな?」と思いつつストロークしても、上りのラインでは坂を上りきらずに戻ってしまったり、下りのラインでは、坂の手前で止まってしまい、再度、難しい下りのパッティングをしなければならなくなったり……。

まずは、こうした段差のあるグリーンでは、2パットに収めることを第一に考えるべきだ。つまり、できるだけ上りのOKの範囲につける。

では、そのためにはどうすればいいのか?

もっとも重要なのは、グリーンに上がる前に、全体の傾斜を見ておくということである。

段差のあるグリーンでは、いったんグリーンに上がってしまうと段差の部分の傾斜ばかりに気をとられて、"一階"や"二階"は平らだと思いがちだが、実際はそうではない。

二段グリーンはたいていグリーン全体が受けている。つまり、一階にも二階にも傾斜があり、それに気がつかないと、上りのパットは坂を上りきってもたいていショート、下りは坂を下ったあとも勢いが止まらず大オーバーしてしまうのだ。

二段グリーンでは、坂だけでなく、段の上と下の傾斜もチェックする。それが攻略の第一歩である。

●上りは、「坂を駆け上がるスピード」をイメージ

二段グリーンの上りのパットでは、一階と二階の傾斜をチェックしたら、いよいよ段差の攻略である。

ここで重要になるのは、スピードに対するイメージ。「このタッチ(振り幅)なら、何メートル転がる」ではなく、「このタッチなら、これくらいのスピードで転がる→これくらいのスピードで坂を駆け上がる」ということを想像してみるのだ。

中嶋常幸プロは、こう言っている。

「坂を駆《か》け上がるのに必要なスピードをイメージして、その坂の入り口、上りきった坂の出口、間のスピードだけを意識するのです。多くのことを考えずに、その坂道を駆け上がるスピードを何度もイメージするのです」(『中嶋常幸のスイング・プレゼント』日本放送出版協会)。

全体のスピードではなく、「坂を駆け上がるスピードだけ」をイメージするというところが、いかにもプロならではの実践的な知恵といえる。

二段グリーンのような難しいパットでは、プロとはいえ、ラインとタッチのようにふたつのことを同時にイメージするのは難しい。

ショットでもスイングで意識するのはワンポイントに絞ったほうがいい。ショットもパットも、こうしたシンプルな考え方が、結局は好結果をもたらしてくれるのだ。

●下りは「段差の手前でボールを止める」つもりで

二段グリーンの下りでは、「段差を転がり落ちるスピード」をイメージするのは難しい。なぜなら、「段差を転がり落ちる」のは、ゴルファーがボールに与えたパワーのせいというより、重力と惰性《だせい》によるものだからだ。

こうしたラインでゴルファーにできるのは、ラインを読むことと、「段差の手前でボールを止めるつもり」で打つことくらいしかない。

二段グリーンの一階は、上から見ればたいてい下りの斜面になっている。つまり、段差の手前で止まるか止まらないかのスピードで下り始めたボールは、段差を下りきったあとも想像以上に転がるということ。速いグリーンでは、グリーンの外に出てしまうことも珍しくない。

もちろんカップの位置や芝の刈り具合にもよるけれど、多くの場合、失速寸前で段差を下り始めたボールは、それでもカップをオーバーするはずである。

段差の攻略法

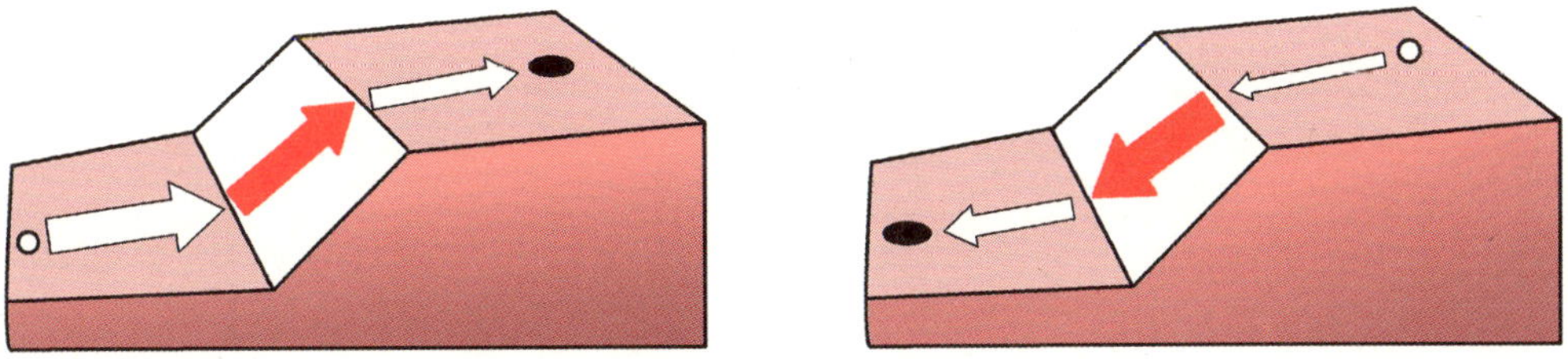

二段グリーンの上りでは、坂を駆け上がる速度をイメージ。
二段グリーンの下りでは、坂の手前でボールを止めるぐらいのイメージで

二段グリーンでの「方程式」の例

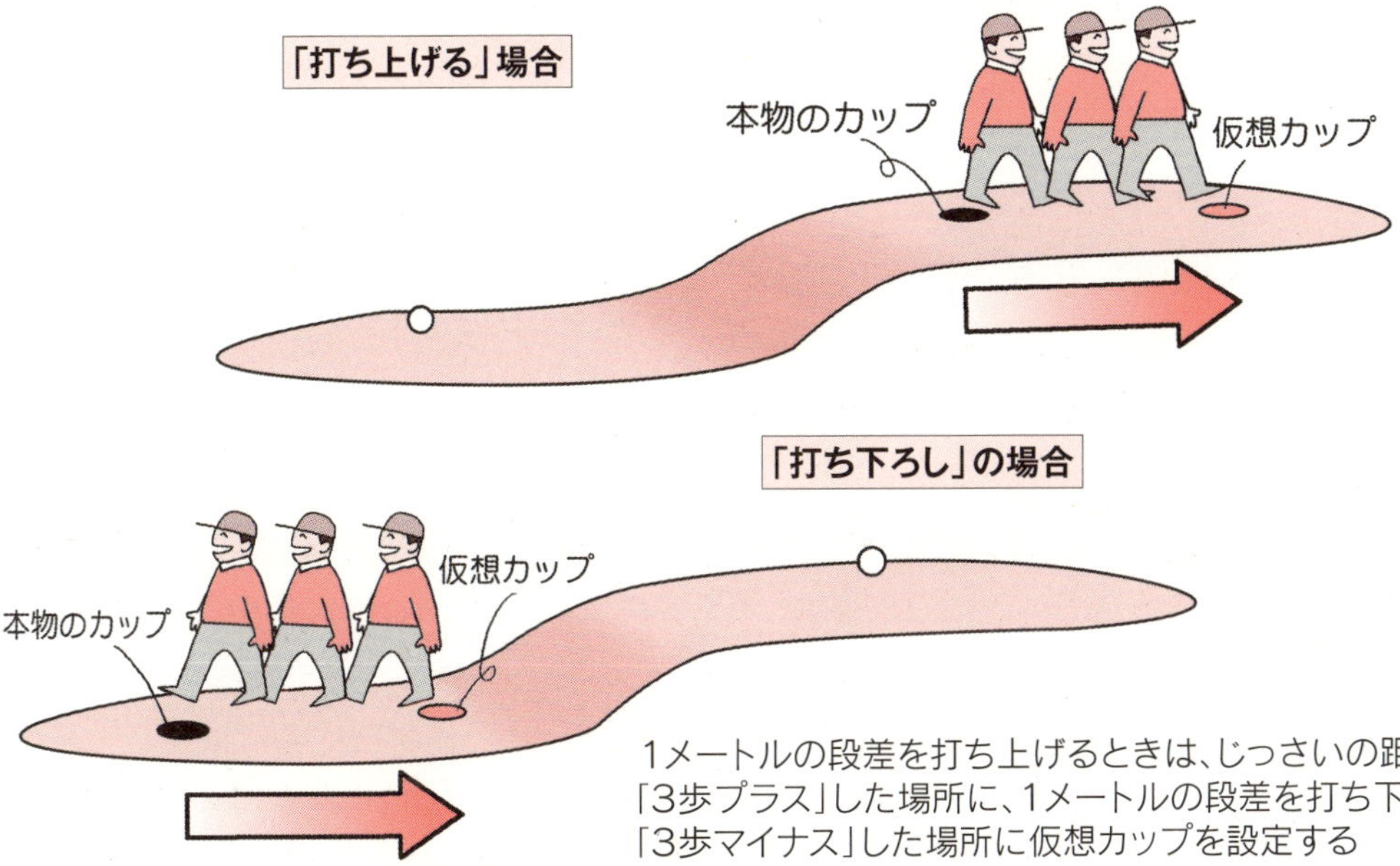

1メートルの段差を打ち上げるときは、じっさいの距離に「3歩プラス」した場所に、1メートルの段差を打ち下ろすときは、「3歩マイナス」した場所に仮想カップを設定する

というわけで、二段グリーンの下りは、「段差の手前でボールを止めるつもり」で打つくらいがちょうどいい。

そのためには、どこから段差が始まるのかを読み切ることだ。二段グリーンの二階も、緩《ゆる》い下り傾斜になっていることが多いから、仮想カップは段差が始まる手前に設定しておこう。

●段差を距離に置き換える方法

二段グリーンの攻略法について説明してきたが、それでも「坂を駆け上がる速さ」をイメージすることは、ラウンド経験が少ない月イチゴルファーにはなかなか難しいかもしれない。

こんなときは、なかば強引に自分なりの〝方程式〟に従うという方法もある。

その方程式とは、段差を距離に置き換えたもの。たとえば1メートルの段差を打ち上げるときは、実際の距離に3歩プラスする。反対に、1メートルの段差を打ち下ろすときは、実際の距離から3歩マイナスし、そこに仮想カップを設定してパッティングするという方法である。

もちろん、3歩というのはあくまで仮の数値だが、最初のうちはダメ元でパッティングしてみよう。その結果をしっかり頭に刻み込んでおけば、しだいに二段グリーンの距離感が出てくるはずだ。

天気と距離感

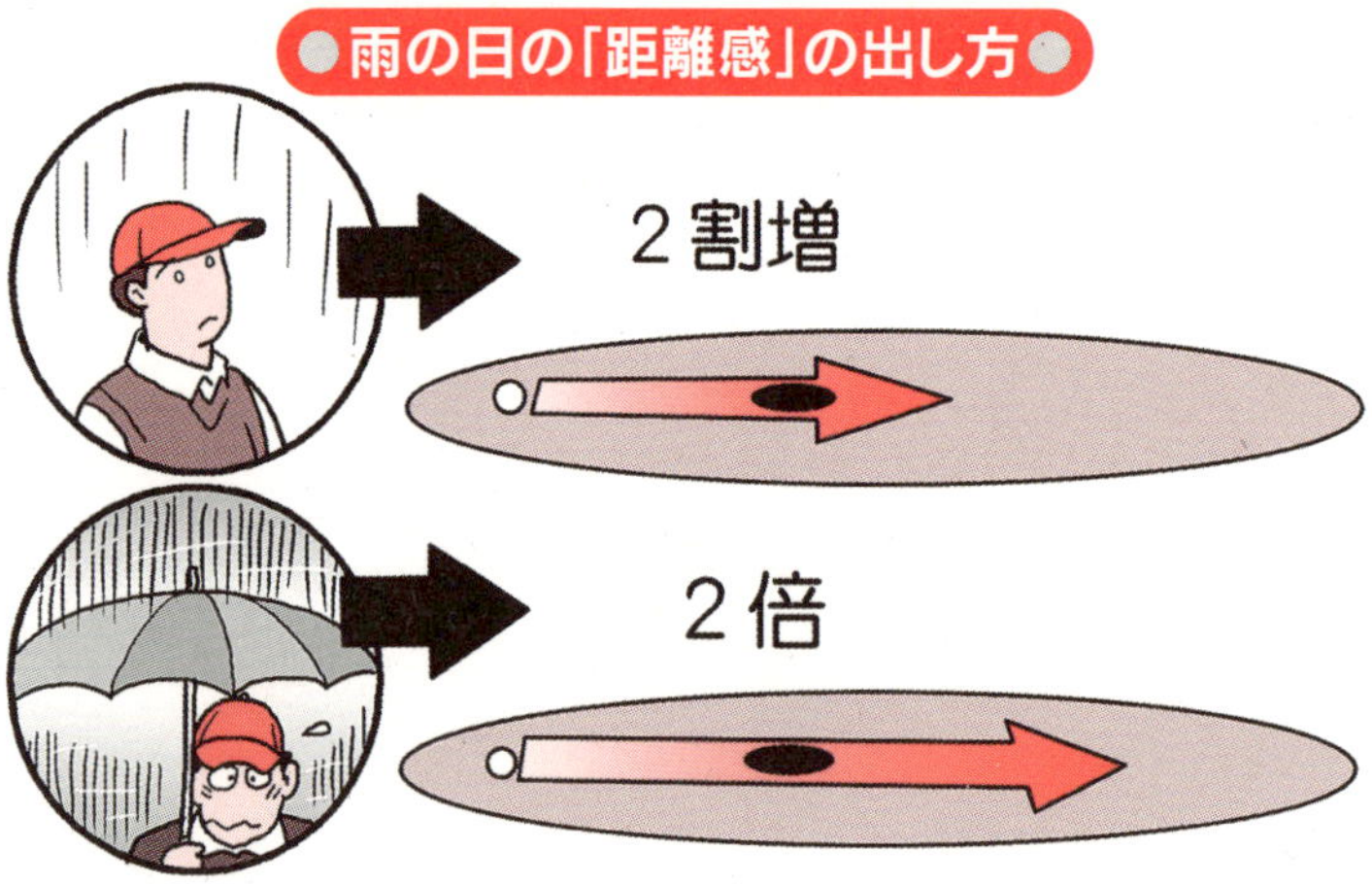

「しとしと降る雨ならいつもの2割増し」「土砂降りなら2倍」の距離を打つ・・・と雨用の方程式をつくっておき、微調整する

●午前と午後ではグリーンの速さが違う

コースでは、午前と午後ではグリーンの速さが違うことが珍しくない。

たとえば夏は、芝の発育がいいため、午後になると芝目が伸びて急にグリーンが重くなることが多い。また、朝は無風でも、午後になって風が出てくると、グリーンの表面が乾いてきて、速くなるというケースもある。

冬は、朝早い時間はグリーンが凍っているためかなり速く、時間がたってグリーンが溶けてくると、湿って重くなる。しかし、好天の日は、午後になると湿ったグリーンが乾いてきて、ふたたび速くなることもある。

グリーンの速さは、気象条件や時間帯によって刻々と変化する。「速くなってきたな」と思ったら、その分だけ仮想カップを手前に設定しよう。さらに、グリーンが速くなれば、それだけボールは曲がりやすくもなる。ラインも〝厚め〟に読んだほうがいい。

●雨のラウンドでは、強めのタッチで

グリーンの速さは、雨の影響も受ける。

雨で湿ったグリーンは、当然ながら重くなる。しとしと降る雨なら、いつもの2割増し、グリーンに水が浮き始めるほどの土砂降りなら、ふだんの倍の距離を打つなど、自分なりの〝雨用方程式〟をつくっておき、それに微調整を加えて、早くその日のグリーンの速さに合わせることだ。

また、雨が予想される日は、カップ周辺に水が溜《た》まらないよう、カップはたいていグリーンの高いところに切ってあるが、谷を横切るラインのときは要注意。谷は雨水の流れ道になっているから、他の場所より重くなっている。その分だけタッチは強めのほうがいい。

さらに、雨はラインも変化させる。湿って重いグリーンは曲がりが少なくなる。

というわけで、ラインは浅めに読んで、しっかり打つ、というのが雨の日のパッティングの原則といっていい。

●5メートル吹いたら、1割距離が出る

風の影響も無視できない。フラッグがバタバタはためくほどの風なら、フォローでふだんの1～2割増し、アゲンストでは1～2割減の距離しかボールが転がらないと思っていい。もちろん、左右からの風なら、ラインも影響を受けることはいうまでもない。

しかし、風が強いときにもっとも気をつけなければならないのは、距離感の出し方やラインの読み方ではなく、アドレスで身体が揺れないこと。スタンスを広くとる、前傾角度を深くするなどして、風に負けない構えをつくろう。グリップもふだんより強めに握ることになるが、それで手打ちになってしまっては意味がない。

どんなに風が強い日でも、〝大きな筋肉〟を使ってストロークするのは同じである。

Lesson 4

●イメージどおりに転がる！

ライン読みの極意

ラインの公式

●ラインの公式●

要素	切れやすい	切れにくい
傾斜	傾斜がある	平坦
上りと下り	下り	上り
グリーンの硬さ	硬い	柔らかい
グリーンの湿度	乾いている	湿っている
グリーンの刈り方	短い	長い
ラインの芝目	横目　順目	逆目
芝の種類	高麗芝	ベント芝
時間帯	午前	午後

●切れやすいライン・切れにくいラインの読み方

ボールの後ろからカップを見る。右側のほうが高ければ、ボールは左に切れ（フックライン）、左側のほうが高ければボールは右に切れる（スライスライン）。

これがラインを読むときの基本中の基本だが、ボールが曲がるのは、もちろん傾斜のせいだけではない。

次は、状況別に見た「切れやすいライン」と「切れにくいライン」。正しいラインを読むためには、これらの公式が頭に入っていることが絶対条件になる。

表を見ればおわかりのように、「切れやすいライン」は速く、「切れにくいライン」は遅いというのが基本。

「グリーンが速い」とは、べつな言い方をすれば、ボールが転がるときの芝の抵抗が少ないということ。その分だけ、傾斜の影響を強く受ける。すなわち、切れやすいというわけだ。

したがって、練習グリーンで「速いな」と思ったときは、曲がりも大きめに計算しておくのがセオリーになる。

●芝目の読み方

ラインに影響を与える要素としては、傾斜のほかに「芝目」もある。

日本のグリーンに使われている芝は、大別するとベント芝と高麗《こうらい》芝の2種類。表にも記したように、切れやすいのは高麗芝のほう。プロゴルファーのなかには、ベント芝のグリーンでは芝目は読む必要がないと言い切る人もいる。

実際、ベント芝の芝目は、あっても傾斜と一致していることが多く（グリーンの低いほうに向かって順目）、あまり神経質になる必要はない。

問題は、高麗芝のグリーンである。

高麗芝をベント芝のつもりでパッティングすると、カップの手前で微妙に切れることが多い。それだけ目がきついのが特徴で、高麗芝の場合は芝目に負けないよう「しっかり芯を打ち抜く」のが基本だ。

芝目の読み方は、

＊山から町（海）に向かって順目
＊川や池の方向に向かって順目
＊水が流れる方向に向かって順目
＊人が歩く方向（次のホールに向かう道）に向かって順目
＊薄く白っぽく見えると順目（濃く見えると逆目）

というのが原則。

富士山のような高い山が近くにあるコースやシーサイドコースでは、ベント芝でもかなり芝目がはっきりとしてくる。

そんなコースを初めてラウンドするときは、かならずキャディーさんに芝目を確認したほうがいい。

芝目と傾斜の〝二次方程式〟

●芝目と傾斜が〝切れ方〟に与える影響とは

芝目がきつくないベント芝の場合、傾斜とグリーンの速さがわかっていれば、自然にラインが見えてくる。

しかし、高麗芝や海辺のベント芝の場合は、傾斜とグリーンの速さだけではダメ。それらに芝目という要素を加えなければ、ラインは見えてこない。

話を簡単にするために「グリーンの速さ」という要素を除外すると、芝目のきついグリーンは、芝目と傾斜の〝二次方程式〟を解くようなもの。

その基本的な〝解の公式〟は、上のイラストの通りである。

●芝目はカップ周辺を念入りに読む

プロのトーナメントでは、パッティングの前にカップの周辺を入念にチェックするプロが多い。

インパクト直後のボールは勢いがあり、芝目や傾斜、少々の凹凸《おうとつ》をものともせずストレートに転がるが、カップに近づくにつれてスピードがなくなると、芝目や傾斜、グリーンの凹凸の影響を受けやすくなるからだ。とくに芝目のきついグリーンでは、カップまわりの芝目が順目か逆目かで、〝カップの入り口〟が微妙に違ってくることもある。

たとえば軽いフックラインの場合、カップの入り口は上のイラストのようにカップの右サイドになる。ところが、カップまわりが順目だとボールに勢いがついて、カップの縁《へり》でクルッと回って外れることがある。

こんなときは、想定したカップの入り口の手前側を狙うのが基本になる。

逆目の場合は、カップの入り口の奥寄りを狙う。手前寄りを狙うと、カップの手前で芝目に負けて急にボールの勢いがなくなり、切れやすい。

奥寄りを狙えば、それだけ強くヒットできるため、カップインの確率が高くなるというわけだ。

●芝目と傾斜の関係●

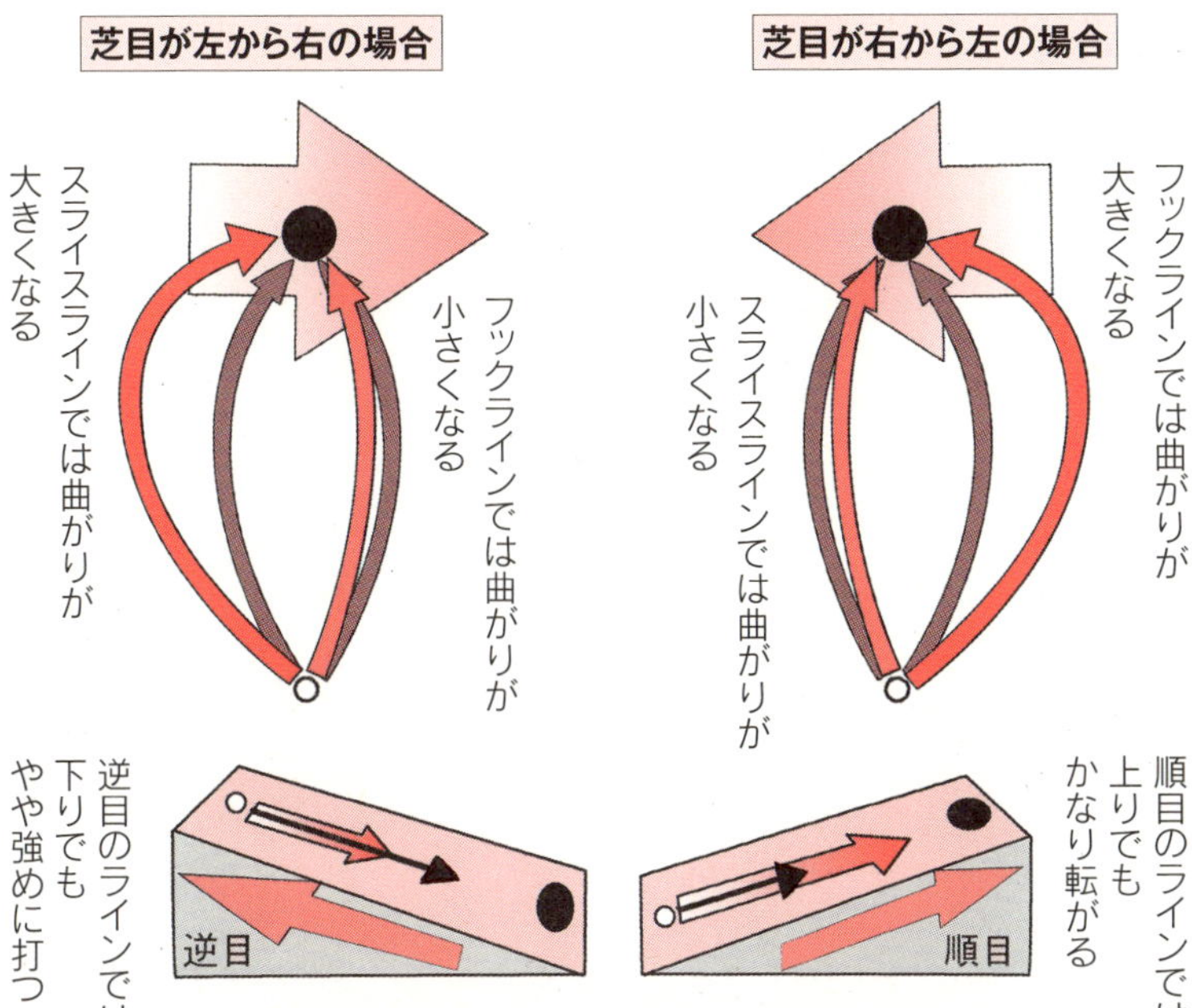
芝目が左から右の場合
芝目が右から左の場合
スライスラインでは曲がりが大きくなる
フックラインでは曲がりが小さくなる
スライスラインでは曲がりが小さくなる
フックラインでは曲がりが大きくなる
逆目のラインでは、下りでもやや強めに打つ
逆目
順目のラインでは、上りでもかなり転がる
順目

●カップ周りの芝目の読み方●

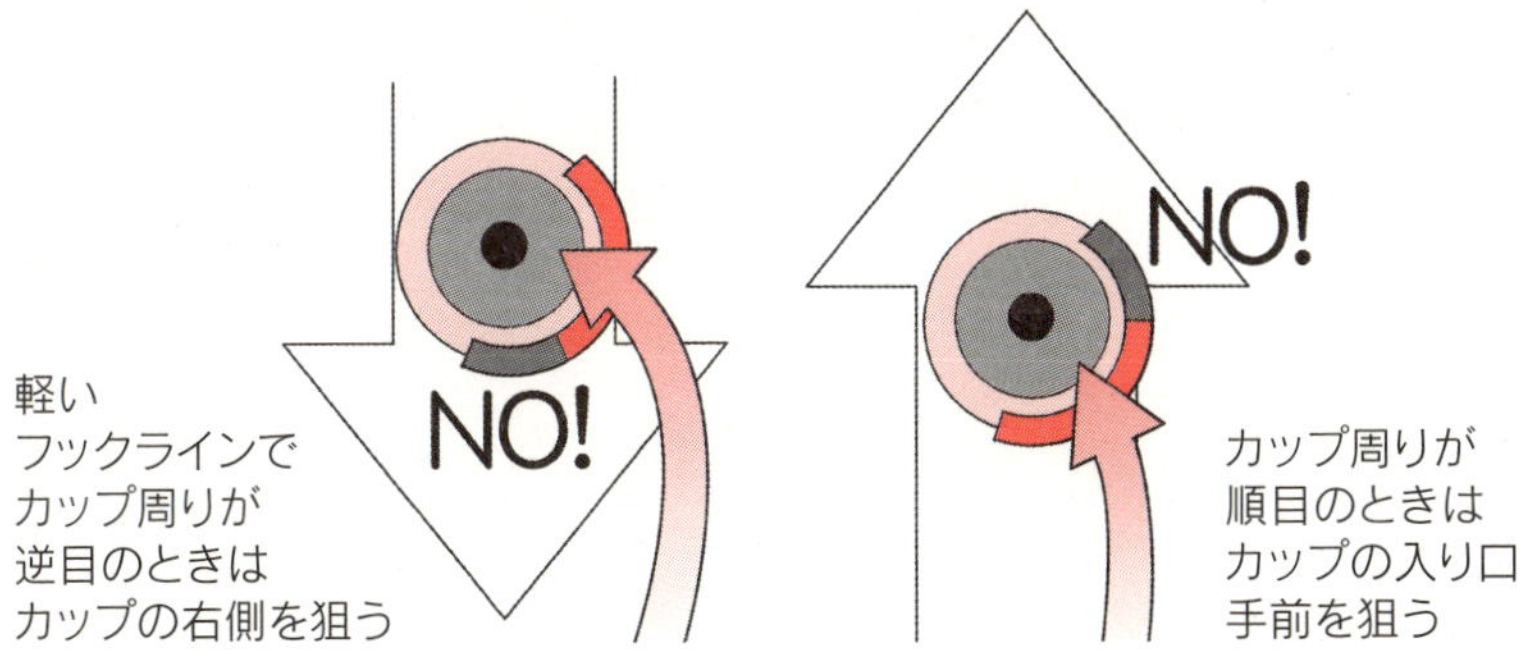
NO!
NO!
軽いフックラインでカップ周りが逆目のときはカップの右側を狙う
カップ周りが順目のときはカップの入り口手前を狙う

ラインとタッチ

「43センチオーバーさせるタッチ」が大前提

3章で、パットは「カップをつねに43センチオーバーさせるつもりで打つべし」といった。そうであれば、ラインを読むときも、想定したラインは「カップを43センチオーバーさせるつもりで打ったときのライン」でなければならないことがおわかりだろう。

たとえば、4メートルのスライスラインがあるとして、これを距離を合わせてカップインさせようとすると、ラインを厚めに読んで、なおかつ「ジャストタッチ」が必要になる。

しかし、最初から43センチオーバーするつもりのタッチなら、ラインはもっと浅く読んでいいし、そのラインを通る限り、少しくらいタッチが強すぎても、カップの向こう側の壁に当たってカップインの可能性もある。どちらが簡単かはいうまでもない。

浅めに読めば、ラインはストレートに近くなるし、タッチの許容範囲も広がる。その分だけカップインの確率が高くなるのだ。

「惜しいパット」は、じつは惜しくない?!

狙う方向が同じでも
タッチの強さが違えば、
ボールの軌跡は当然、
違ってくる。
それを理解しないと、
いつまでも惜しいパットを
打ち続けることになる

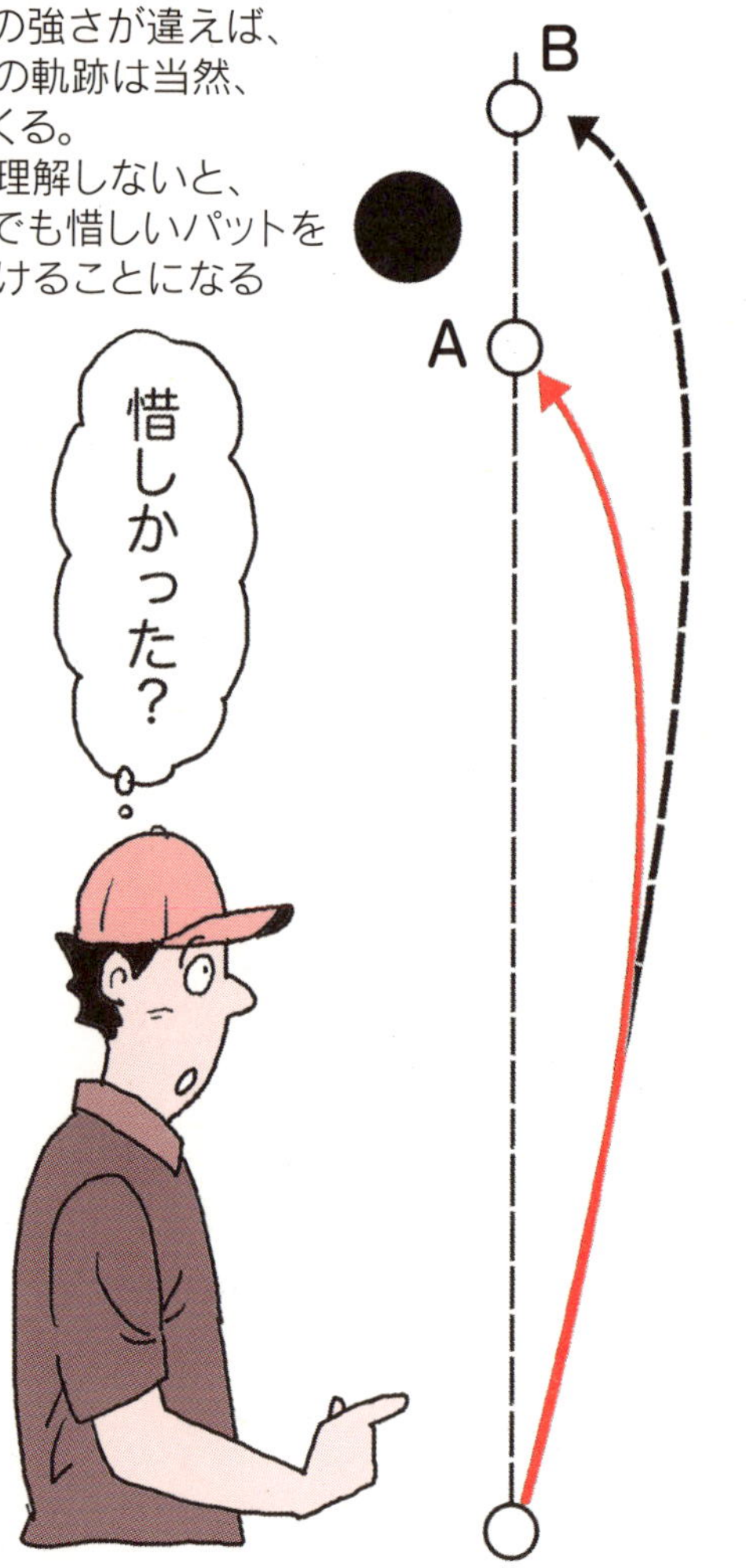

「あとひと転がりで入ったパット」が惜しくない理由

フックラインに乗ったかに見えたボールが、カップの直前で止まる。まわりの仲間は「惜しかった。ラインに乗っていたよ。もう少し強ければ、完全に入っていたね」などと慰《なぐさ》めてくれるが、じつはこのパット、それほど惜しいわけではない。

なぜなら、同じラインに打ち出しても、タッチが違えば、ボールは違う軌跡を描くからだ。つまり「もう少し強ければ」、ラインには乗らなかった可能性が大なのである。

ボールとカップとの間が一様の傾斜（カップの右側が高い）になっているグリーンがあるとして、同じ地点から、2回パッティングできるとする。そして、1回目は上のイラストのようにカップの手前（A地点）で止まったとしよう。いかにもラインに乗っており、もう少し強く打っていれば入りそうではある。

そこで、2回目は狙いどころは同じにして、少しだけ強めに打つとどうなるか？　この場合のボールの軌跡は、強く打たれた分だけ、曲がりの頂点がカップ寄りになり、カップの奥のやはり右側（B地点）で止まってしまうのだ。

つまり、最初のパットはタッチが弱かったというだけでなく、ラインも違っていたということ。カップインするためには、もう少しタッチを強くして、薄めに狙うべきだったのだ。

カップの入り口

●ボールはカップの正面から入るとは限らない

カップのど真ん中から入ったパットは気持ちがいい。だからだろうか、アベレージゴルファーのなかには、どんなラインでも、カップのど真ん中を狙う人がいるけれど、これでは入るパットも入らない。

ややきつめの傾斜にカップが切ってあり、ボールは谷側から見てカップの右にあるとする。当然、かなりのフックラインだが、この場合、カップの右にブレイクポイントを見つけても、カップの入り口を正面だと思ってしまうと、ほとんどの場合、左に切れてしまう。

この場合は、ボールをかなり右に出し、カップの右側からコロンと入れるしかない。つまり、このラインでのカップの入り口は、正面ではなくカップの右になるのだ。

曲がるラインにおけるカップの入り口は、基本的にはカップの高いほうの縁になる。曲がりの頂点をイメージしたら、まずはそこを狙う。そして、そのポイントを過ぎたら、あとは重力でボールはカップの高い縁から転がり込む――そんなイメージでストロークしてみよう。

●カップの入り口はひとつではない●

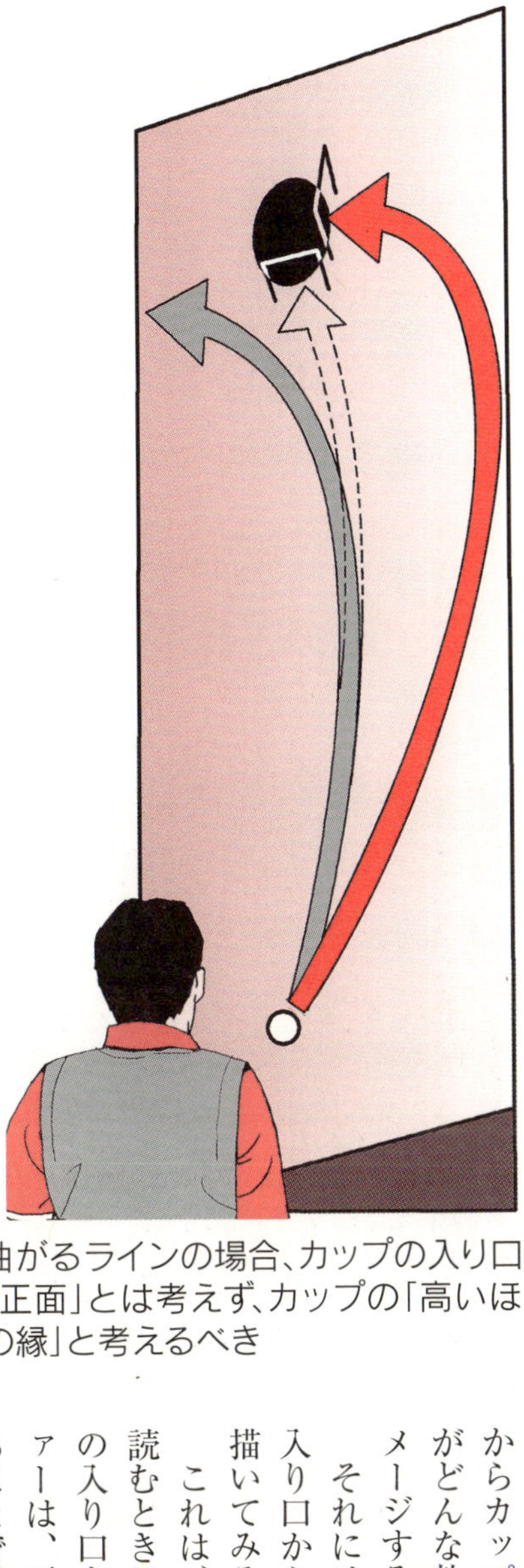

曲がるラインの場合、カップの入り口を「正面」とは考えず、カップの「高いほうの縁」と考えるべき

●ラインは"カップの入り口"から読む

どんなに難しいラインでも、カップには、かならずカップインする入り口がある。その入り口は、ボールとカップを結んだ線上にあるとは限らない。

たとえば、スライスラインの場合、カップの入り口は正面から見てやや左側になる。フックラインなら、この逆だ。

ラインを読むときは、まずこうしたカップインするときの入り口を見つけることから始まる。

そして、入り口を見つけたら、その入り口からカップインするためには、自分のボールがどんな軌跡を描いてそこに到達するかをイメージする。

それには、映像を逆戻りさせるようにその入り口からボールまでのラインを頭のなかに描いてみるといい。

これは、とくにカップの後ろからラインを読むときに有効。おそらく、これまでカップの入り口を正面だとばかり思っていたゴルファーは、正しいカップの入り口をイメージすることで描くラインがかなり変わってくるはず。そして、もちろんそちらのラインのほうが正しいのである。

ラインを読む場所

●ラインを読むコツ●

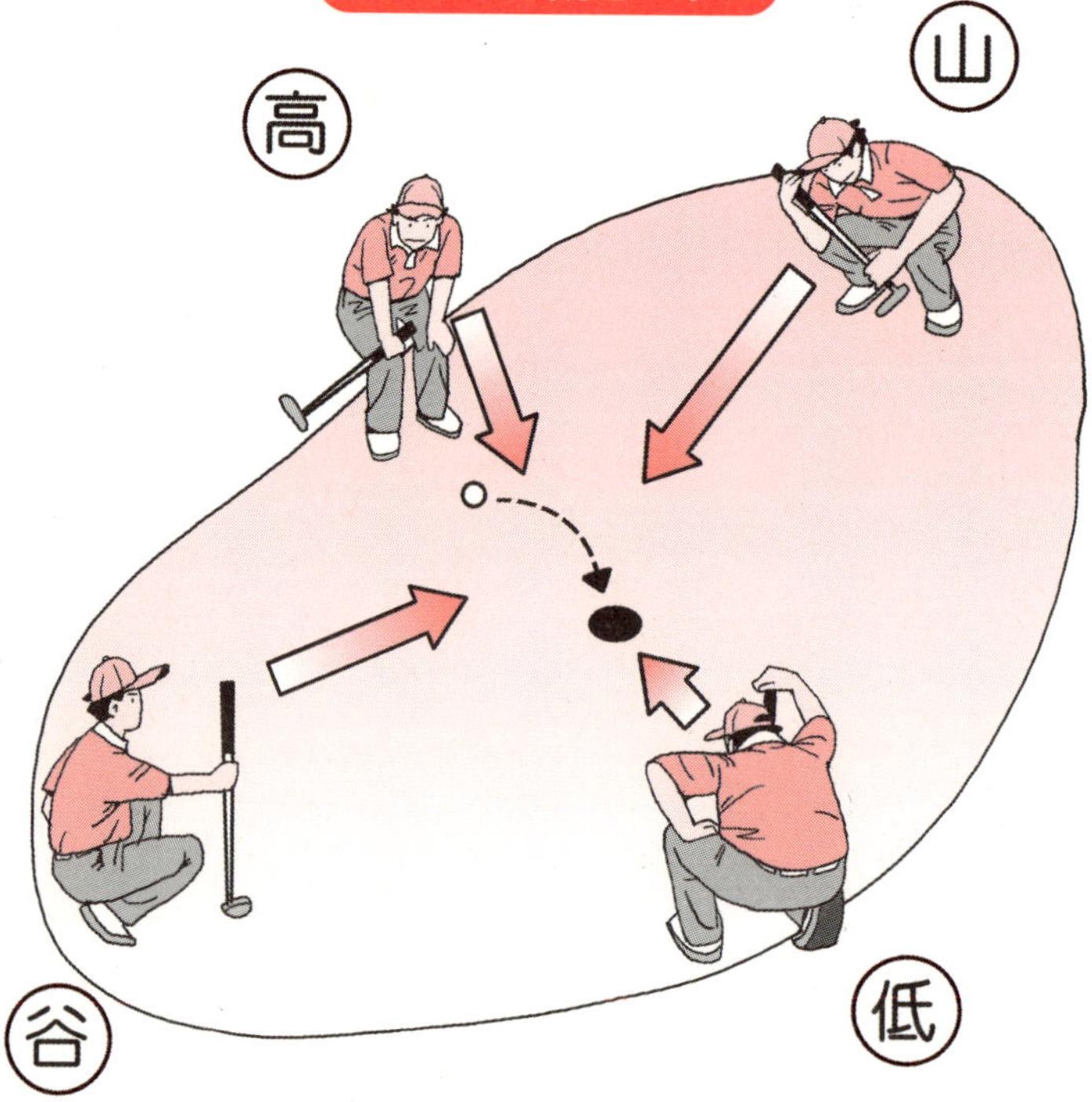

傾斜は見下ろすよりも見上げたほうがラインを読みやすい。上りのラインと下りのラインが違って見えるときは「下」から見たラインを信じる。同様に、山側から見たラインと谷側から見たラインは「谷側」のほうを最終的に確認すべき

●ラインは〝下〟から見る

パッティングのラインを読むとき、最初にボールの後ろからカップを見て、次にカップの後ろからボールを見るゴルファーが多い。

それはいいのだが、ボールの後ろから読んだときと、カップの後ろから読んだときとではラインが違って見えるときは、どうすればいいか？

こんなときは、もう一度グリーン全体を眺《なが》めて、いちばん高いところと低いところ、そしてラインにかかりそうなマウンドがあれば、それも確認すること。

それでも、上からと下からではラインが違って見えるときは、下から見たラインを信じるのが正解である。

これは、スキーの場合を考えてみると納得されるはずだ。ゲレンデの傾斜や凹凸は、スキーヤーの目、つまり上から見るより、下から見たほうがよくわかる。

傾斜の様子は、上から〝見下ろす〟より、下から〝見上げる〟ほうが、全体像がつかみやすいのである。

●ラインは〝谷側〟から見る

前項で「ラインは〝下〟から見る」といったが、これはそのバリエーション。

曲がるラインでは、かならず左右どちらかが、高いほうの〝山側〟、もう一方が低いほうの〝谷側〟になる。たとえば右から左に曲がるフックラインなら、ラインの右が山側、左が谷側になる。

この場合は、ボールの後ろとカップの後ろからラインを読んだら、最後に谷側に回り込んで、最終的なラインを確認するといい。つまり、これも「傾斜は低いほうから見たほうがよくわかる」という公式を利用しているわけだ。

ただし、一連のラインを読む作業は、グリーンに上がったときや、他のプレイヤーがラインを読んでいるときなど、できるだけ自分がパッティングする前にやっておくのがマナー。

自分の番がきてから、いま紹介した3通りのライン読みをしていては、スロープレイヤーの烙印《らくいん》を押されかねない。

スライスかフックか

●「真っ直ぐ転がるライン」がわかれば、曲がり方がわかる

パッティングの練習方法に、練習グリーンのカップの周囲に円を描くようにボールを並べ、順番に入れていくというものがある。

この場合、グリーンは適度な傾斜があったほうがいい。まったくの水平なグリーンでは、イラストⒶのようにボールがどこにあっても、そのラインはボールとカップを結んだ直線になるが、イラストⒷのように傾斜があれば、フックラインからスライスライン、さらには上り、下りのラインまで、同じ距離ではあっても、さまざまなラインを練習することができる。何回も練習するうちに、傾斜と曲がり具合の関係がひと目見ただけでイメージできるようになる。

おそらく読者のなかにも、こういう練習をやったことのある人がいるはずだが、傾斜が一様なグリーンでは、カップインするラインがイラストⒷのようになり、さらに傾斜が強くなるとイラストⒸのようになる。

さて、問題は、この傾斜による曲がり方の違いを、実際のパッティングに役立てている人が少ないことにある。

イラストのⒷとⒸを、あらためて見てみると、カップまでのラインがストレートなラインが1本だけあることに気がつくはずだ。これは、スキーでいうところの最大斜度のラインになり、パットの場合は、もっとも速いスピードで真《ま》っ直《す》ぐ転がる。

次に注目してほしいのは、このストレートなラインをカップの下から見た場合、右側にあるボールはすべて左に切れ、左側にあるボールはすべて右に切れるということ。これは、上り下りには関係がなく、ボールがストレートなラインの右にあるか左にあるかだけで決まるのだ。

ということは、実際のパッティングでは、ストレートなラインさえわかれば、自分のボールがどちらに曲がるかがわかるということ。もちろん自分のボールがストレートなラインに近ければ近いほど曲がり方が少ないということもわかる。

この〝法則〟をラインを読むときに役立てない手はない。

左右どちらに切れるのかわかりにくい微妙なラインでは、「真っ直ぐに転がるライン」を見つけ、自分のボールがそのラインの左右どちらにあるかをチェックしてみればいい。「真っ直ぐに転がるライン」を見つけるためには、グリーン全体の起伏を見直すだけでなく、他のプレイヤーのパットも参考になる。

●ラインがスライスかフックかを読む法則●

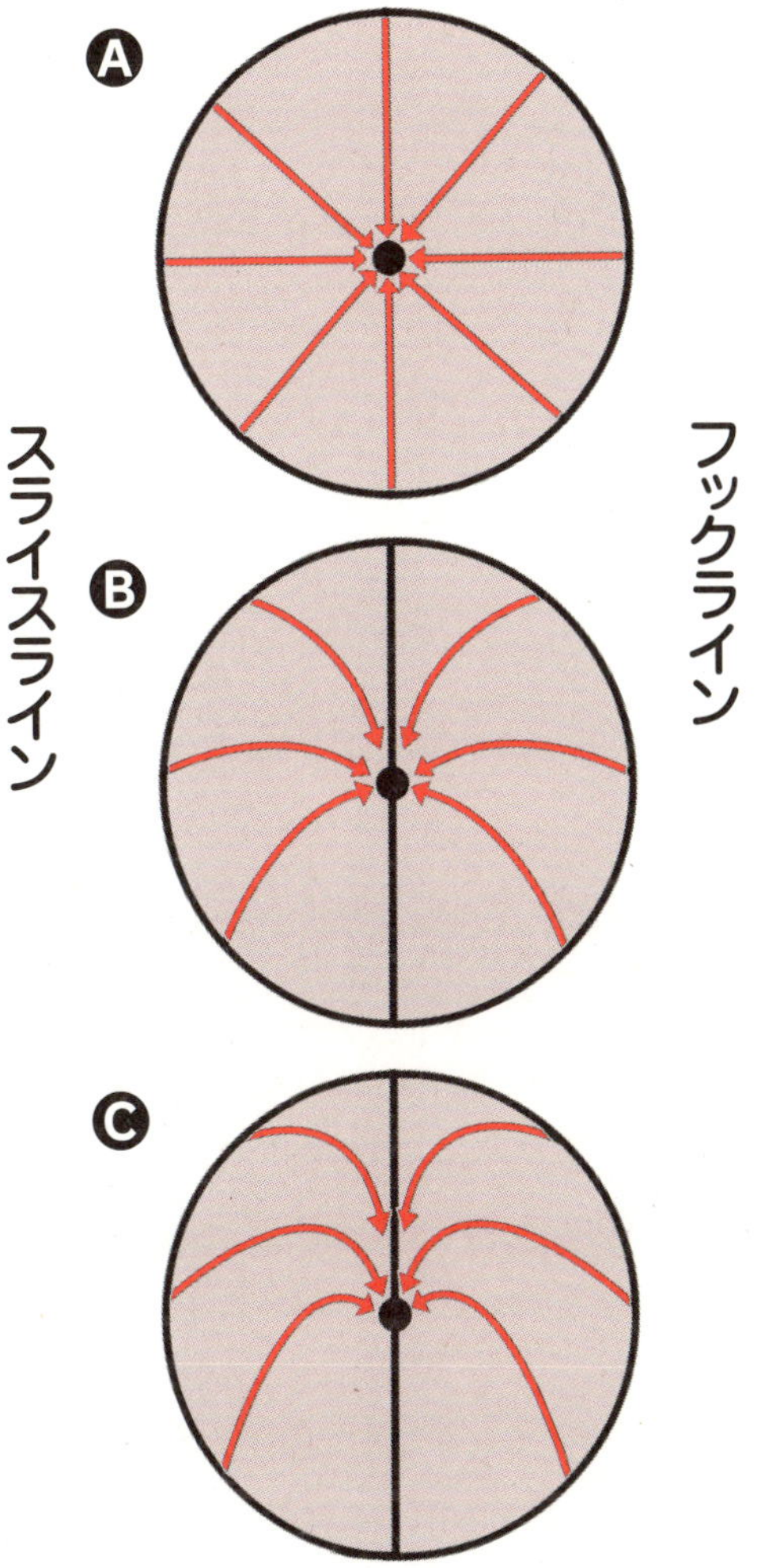

曲がり幅の読み方

●カップ近くの傾斜は念入りに読むべき?

　パットのラインを読むとき、よく「カップ近くの傾斜を念入りに読め」といわれる。

　それは、打たれてからしばらくは、ボールに勢いがあるから傾斜の影響は受けにくい。しかし、カップに近づくにつれてボールに勢いがなくなると傾斜の影響を受けやすくなるといわれているからだが、さて、これは本当だろうか。

　イラスト❶のような2つのラインがあるとする。距離はともにカップまで6メートル。Aは中間地点までがストレート、そこを過ぎると右からの傾斜がかかってきて左に切れる。Bは中間地点まで右からの傾斜（Aラインの後半とまったく同じ傾斜）があり、そこを過ぎるとストレートだ。さて、どちらもジャストタッチでストロークするとして、あなたは、このふたつのラインをどう読むだろうか？

　先の〝法則〟からいうと、Aのラインは、後半に大きく左に切れるから、かなり右に打ち出す。Bのラインは、前半は傾斜はあるもののボールに勢いがあるからそれほど切れず、後半はストレートだから、Aほどはフックを見ない、ということになりそうだ。

　しかし、答えを先にいうと、この場合はイラスト❷のようにAもBも狙うべき仮想カップは同じになる。仮にAのラインの仮想カップをカップ3個分右に読んだとすると、Bもそれでいい。カップインするまでのボールの軌跡は違うけれど（Aのほうが最後に急激に左に曲がるため、膨《ふく》らませているように見える）、打ち出す方向やタッチはどちらも同じなのだ。

　これは、AもBも傾斜の具合が同じで、なおかつ傾斜している区間の長さが同じだから。傾斜がラインのどこにあるかということは考えなくてもいいのである。


〈イラスト❶〉

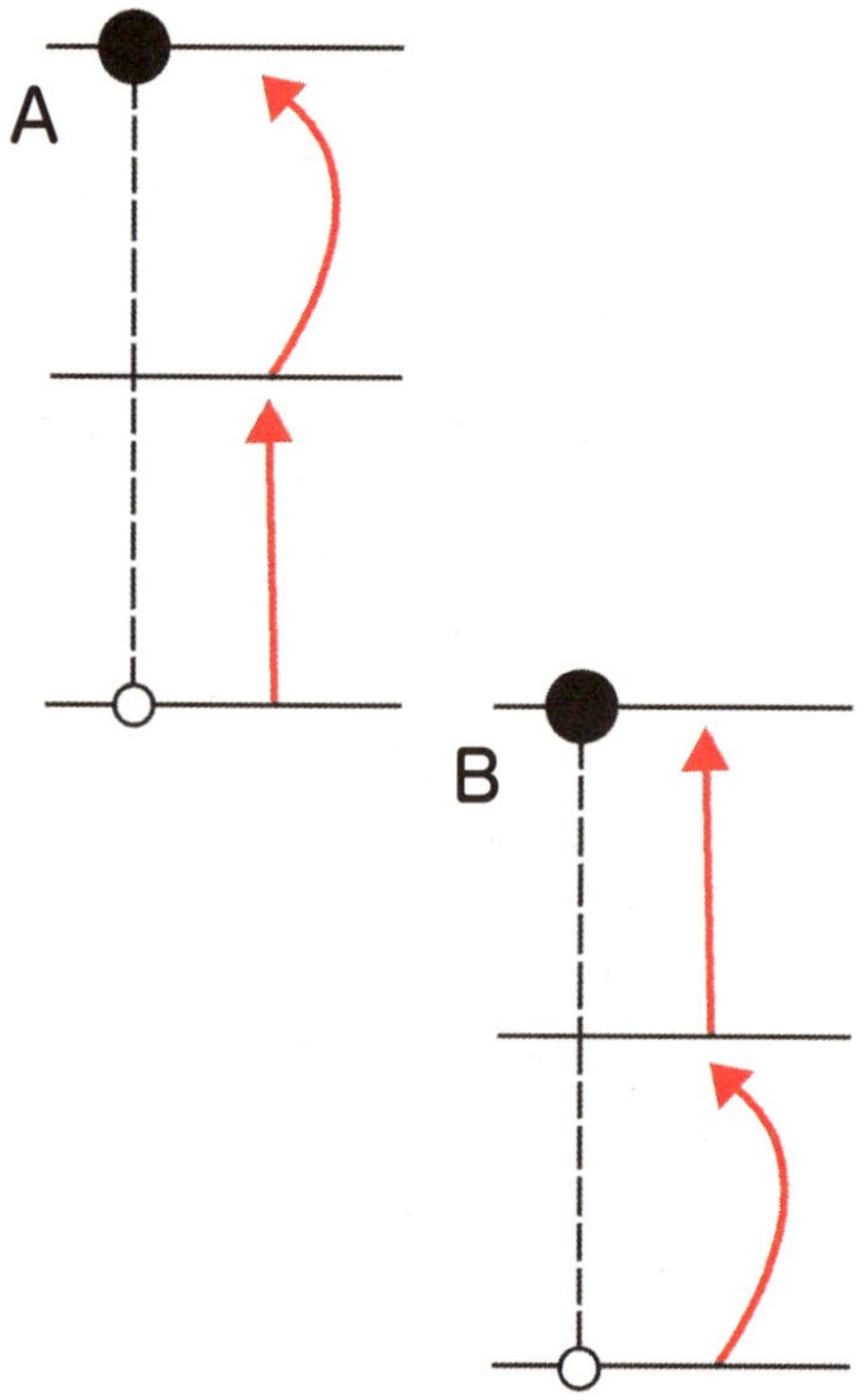

〈イラスト❷〉

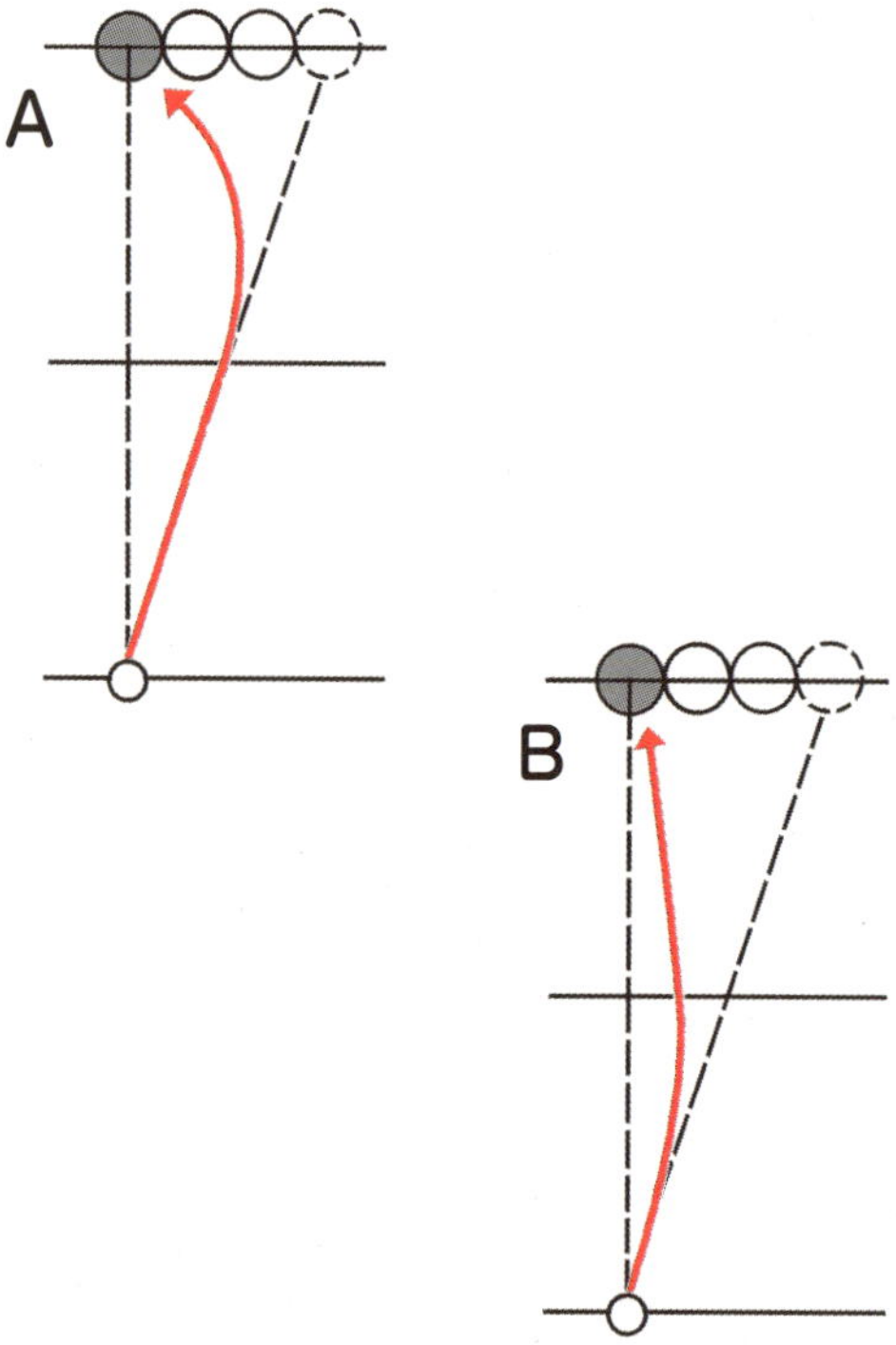

スネイク・ライン

スネイク・ラインの読み方

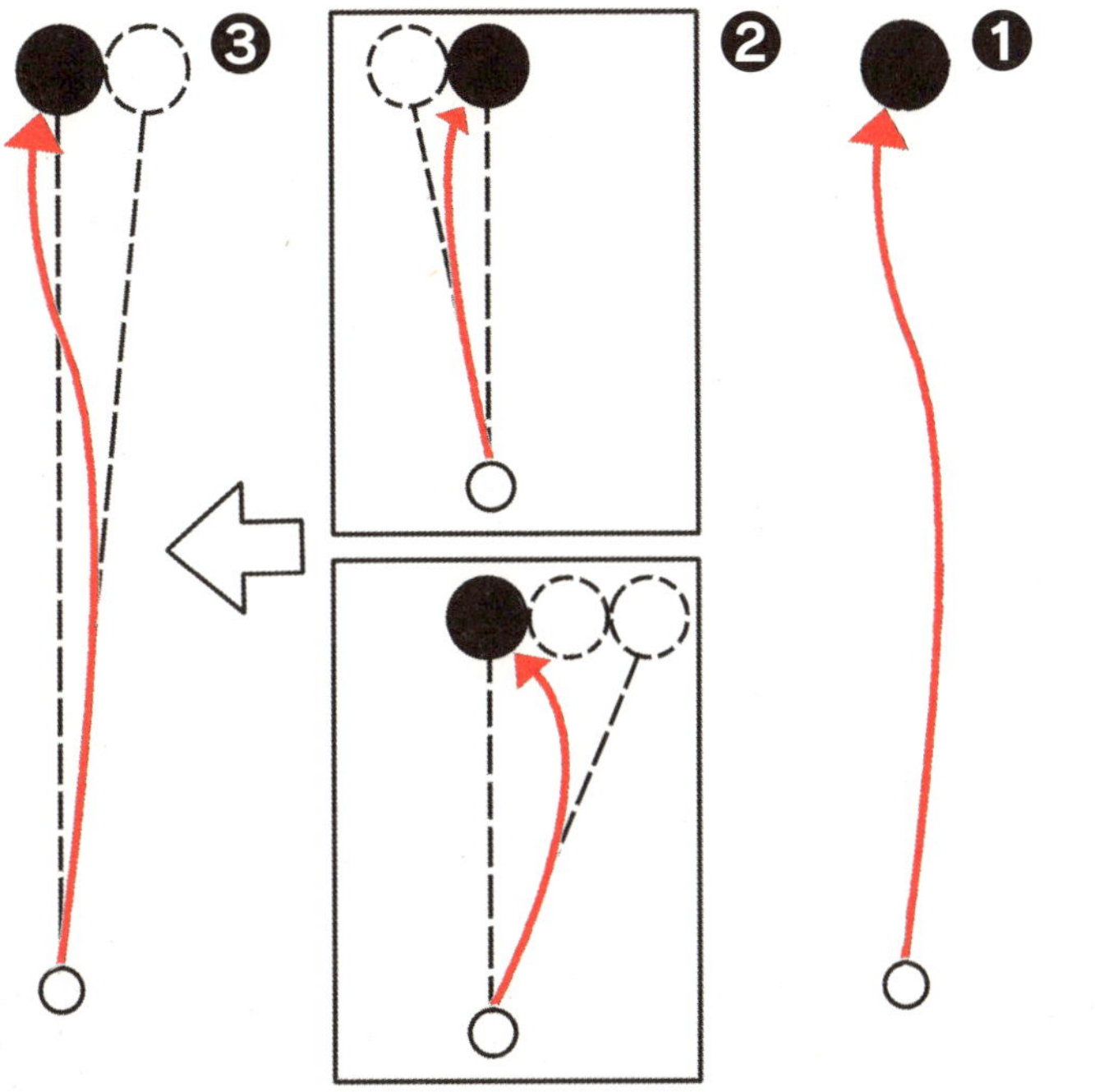

前半は2カップ・フック、後半は1カップ・スライス。
これを足し算した、1カップ・フックが最終的な曲がり幅となる。
その曲がり幅を仮想カップとして真っ直ぐ打ち出す〈イラスト❸〉

●フックとスライスを〝足し算〟する

イラスト❶のようにラインの前半がフック、後半がスライスというスネイク・ラインがあるとする。こうしたラインでは、イラスト❷のように、まずカップまでのラインをフックする区間とスライスする区間に分ける。そして、フックする区間では、あたかもその区間の左端にカップがあると想定して、曲がり幅を読む。そして、スライスする区間も同様にして曲がり幅を読み、あとはふたつの曲がり幅を単純に足し算すればいい。この場合なら、前半が2カップ・フック。後半が1カップ・スライスだから、足し算をすれば、1カップ・フックということになる。

最終的な曲がり幅が決まれば、自動的に仮想カップが設定できる（イラスト❸）。あとは、その仮想カップとボールを直線で結び、「真っ直ぐ」打ち出すだけ。スネイク・ラインであることは忘れて、ストレートなラインのつもりでストロークするのがコツだ。

●スネイク・ラインは、ラインを〝逆行〟する

57ページで、カップの入り口を見つけたら、そこからボールまで逆戻りしてラインをイメージする方法を紹介したが、この方法がとくに有効なのがスネイク・ラインだ。

スネイク・ラインは、ブレイクポイントが2か所、あるいはそれ以上ある。こうした複雑なラインでは、おおまかなラインを想定したら、いくつかあるブレイクポイントのうち、最初に〝最後のブレイクポイント〟を見つけること。

最後のブレイクポイントとは、そこを過ぎれば、あとは惰性《だせい》でカップまで転がっていくというポイントで、カップにもっとも近い曲がり角だから、簡単に見つかるはずだ。

最後のブレイクポイントを見つけたら、次は最後から2番目のブレイクポイント→3番目のブレイクポイントという具合に、カップからボールまで逆行しながら曲がり角を見つけていく。

そして、ボールにもっとも近いブレイクポイントを見つけたら、それがボールを打ち出す方向ということになる。あとはそのブレイクポイントを通過させることだけに集中してストロークすればいい。

「薄め」か「厚め」か

問題は、距離が1ピン以上あり、一見、大きく膨らませないと入らないようなライン。こうしたラインでも、薄めに読み、しっかり打つことでカップインするラインは存在するが、そのラインを狙うのはひじょうにリスキーであることはいうまでもない。しっかり打つとカップの上を通りすぎて大オーバー。この場合の〝しっかり〟には、3パットの危険がいっぱいなのだ。

大きく膨らませなければならないラインでは、外れてもOKにつく程度の強さ、つまりジャストタッチで打つのが正解だ。

こうしたラインでは、ジャストタッチでストロークしても、カップインするラインはひとつしかない。プロでも1パットで入れるのは難しい。アマチュアなら、できるだけ2パット目が上りになるようなラインを選び、2パットで十分と考えたほうがいい。

●〝薄め〟に読むか〝厚め〟に読むか

プロゴルファーで、ラインを薄めに読んでしっかりヒットするタイプといえば、その筆頭は全盛期のタイガー・ウッズだろう。彼の場合、返しのパットが2メートル近く残るのはざら。しかし、ラインがわかっているので、当たり前のように返しを入れてきた。

「薄めに読んで強くヒットする」ためには、狙ったところに真っ直ぐ打てる技術と、少々のオーバーを恐れない勇気が必要。しかし、アマチュアでも、「今日は狙ったところに真っ直ぐ打てて、返しのパットにも自信がある」というラウンドがあるはずだ。

そんな日は、強気のパッティングで攻めまくろう。しかし、そうでない日は、絶対に3パットをしないことだけを考えて、「プラス43センチ」か「ジャストタッチ」でいく。つまり、ラインの読み方は、その日のパッティングの調子によって変わってくるのだ。

ただ、そうはいっても「このパットを入れれば、ベストスコア」というときや「コンペの優勝」という勝負のパットは、やはりラインを薄めに読んで「入れにいく」べきだが。

●「薄めにしっかり」がいいとき・悪いとき

曲がるラインには、薄めに読んでしっかり打った場合と厚めに読んでジャストタッチで打った場合の2種類のラインがある。

傾斜が緩《ゆる》く、曲がってもカップ半個分程度のラインでは、ラインを薄めに読んでしっかり打ったほうがカップインの可能性が高い。

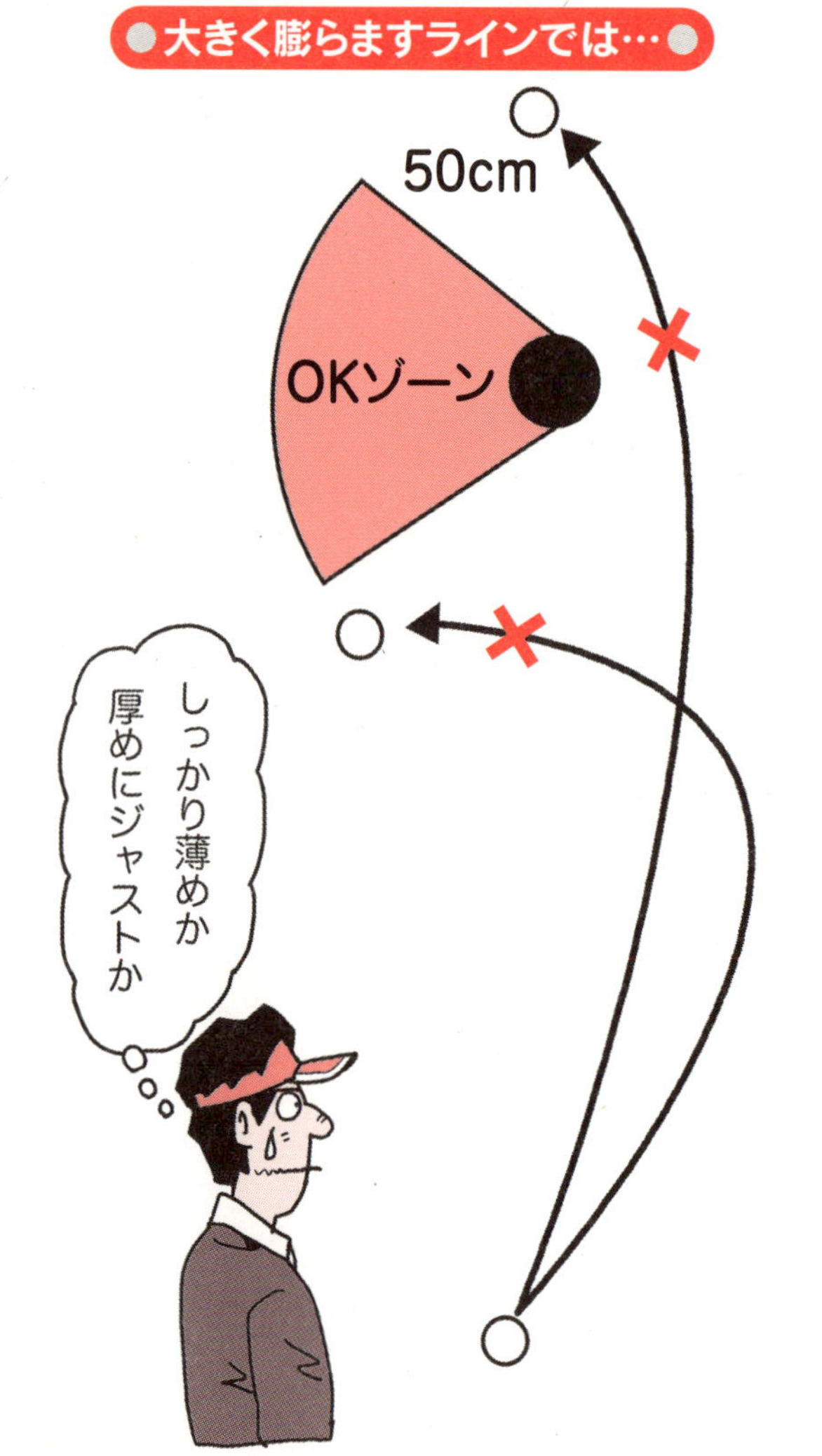

しっかり打ちすぎても、弱すぎても、3パットの危険が残る。「OKゾーンでよし」と考えて、ジャストタッチで

アマチュアサイドとプロサイド

●「どうせ外すならプロサイド」といわれる理由

パッティングの〝外し方〟には、「プロサイド」と「アマチュアサイド」があるとよくいう。

前者は、たとえばスライスラインの場合、カップの左を通り過ぎること。後者は、カップの手前で右に切れてしまうことをいう。プロサイドに外すのは、しっかり打ちはしたが、思ったほど曲がらず、カップの左を通りすぎてしまったということ。アマサイドに外すのは、曲がりの読みが甘かったか、タッチが弱くて、カップの手前で切れてしまったという場合だ。

前者をプロサイドというのは、カップをオーバーするくらい強めにヒットしているから。「Never up never in」という格言があるように、「届かないパットは入らない」。「パット・イズ・マネー」といわれるプロの世界にあって、ショートばかりしているプロは飯が食えないというわけだ。

もうひとつ、プロサイドに外れたパットは、返しのパットが簡単、ということもある。59ページの「スライスかフックか」の項を思い出してほしい。

スライスラインをプロサイドに外すと、ボールは、イラストⒶのように真っ直ぐに転がるラインを通り過ぎてカップの向こう側に止まる。ということは、ボールは真っ直ぐに転がるラインの右側にあるから、返しのパットはフックラインになる。

一方、アマチュアサイドに外した場合、ボールはイラストⒷのように、真っ直ぐに転がるラインの手前で止まる場合もあれば、そのラインを通り過ぎてから止まる場合もある。

前者であれば、ボールはまだ真っ直ぐに転がるラインの左にあるから、返しもスライスラインになる。しかし、後者の場合、ボールは真っ直ぐに転がるラインの右側にあるから、返しはフックラインになる。

つまり、アマチュアサイドの場合、ファーストパットがどこに止まったかで、曲がり方が正反対になるわけで、それだけ返しのパットが難しくなるというわけだ。

プロが返しのパットをいとも簡単に入れてしまうのは、彼らがプロサイドに外していることが多いから。今きた道を引き返すだけだから、ライン読みが簡単というわけだ。

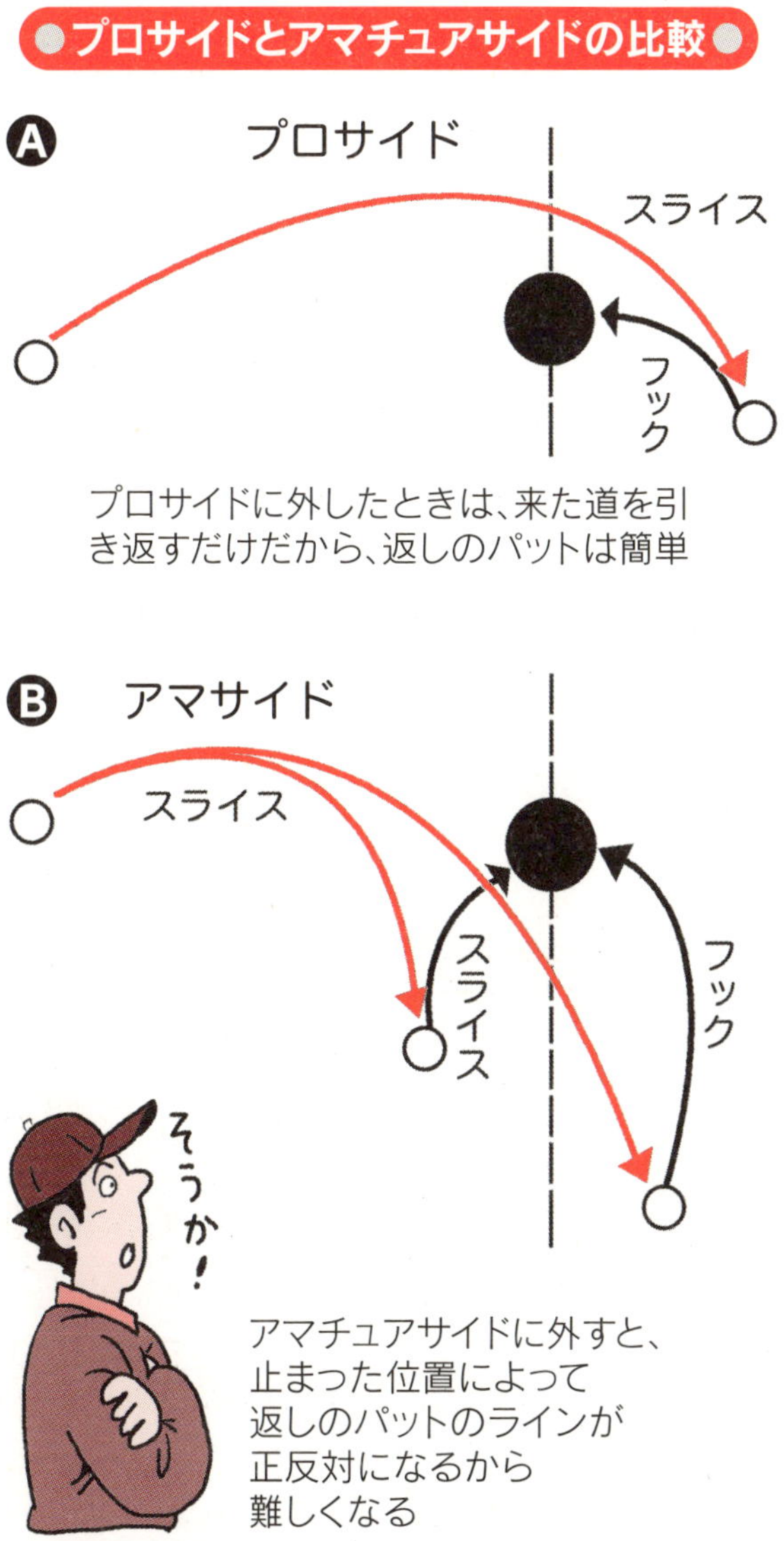

プロサイドに外したときは、来た道を引き返すだけだから、返しのパットは簡単

アマチュアサイドに外すと、止まった位置によって返しのパットのラインが正反対になるから難しくなる

同伴競技者のパット

●相手のパットを参考にする方法

パッティングでは、同伴競技者のパットが参考になることが少なくない。

たとえば、同伴競技者のAさんとあなたのボールは、イラストのように同じライン上にあり、Aさんは先にカップインしたとする。この場合、あなたはこう考えるはずだ。

「Aさんは20センチほど右に膨らませてカップインさせた。自分のボールはAさんよりカップに近いのだから、同じフックラインでもAさんほど膨らませる必要はない」

正解である。

では、具体的にどの程度膨らませればいいのか？ 15センチ？ 10センチ？ それとも5センチ？

そのあたりは自分の勘を頼りにラインを決めている人がほとんどのはずだが、じつはここに明確な法則がある。

それは、傾斜が一様なグリーンで、ふたつのボールが同一ライン上にある場合、ふたつのボールがカップインするラインは相似形《そうじけい》になるという法則。この場合でいうと、Aさんのボールが右20度の角度で打ち出されたとすると、あなたも右20度の角度で打ち出せばいいというわけである。

さらに、もしAさんが設定した仮想カップの場所がわかっていれば、あなたが狙うべき仮想カップの場所も自動的に導き出される。

仮にあなたのボールがAさんのボールがあったところとカップを結んだ線のちょうど中間にあったとすれば、あなたが狙うべき仮想カップは、Aさんが設定した仮想カップと実際のカップのやはりちょうど中間になる。

これはAさんもあなたもジャストタッチで打つというのが大前提になるが、この法則を知っていれば、これまでなんとなく参考にしていた同伴競技者のパットが、もっと大きなヒントになることがおわかりだろう。

さらに、この法則を知っていれば、自分ひとりでもラインをより正確に読むことができる。あなたのボールがAさんの位置にあったとしたら、カップとボールの中間地点にいき、そこからならどんなラインになるかイメージしてみるのだ。もし、中間地点からならカップ1個分フックすると判断すれば、自分のボールからはカップ2個分フックするということになる。

こうして、中間地点から見た仮想ラインと実際のボールからのラインに矛盾《むじゅん》がなければ、そのラインはかなりの確率で正しいラインだといっていいだろう。

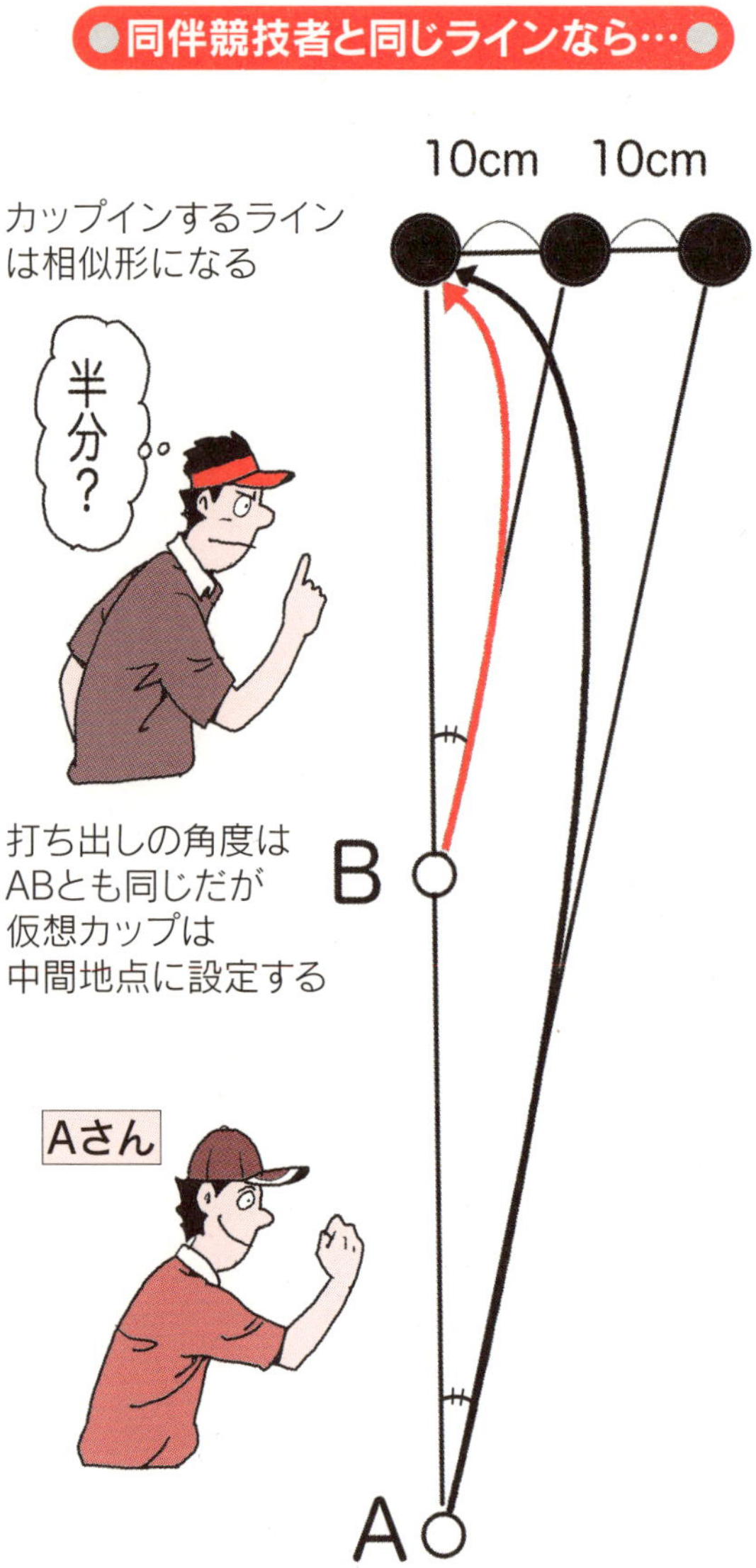
●同伴競技者と同じラインなら…●
10cm
10cm
カップインするラインは相似形になる
半分？
打ち出しの角度はABとも同じだが仮想カップは中間地点に設定する
B
Aさん
A

スパット

●パターのフェイスは「スパット」に合わせる

　ボウリングでは、ピンではなく、スパットを狙って投げるのがセオリーとされている。スパットとは、ボウリングのレーン上、ファウルラインから4メートルほど先に記してある8つの目印のこと。遠くにあるピンを狙うより、目標を近くのスパットに設定し、そこを狙って投げたほうが、ストライクの確率が高くなるというわけだが、パッティングでも同じ。想定したライン上にスパットがあれば、そこを狙ったほうがストロークが簡単になる。

　スパットになるのは、ボールマークやスパイクマーク、砂、芝のキズ、変色した芝、ちぎれた枯れ草、ゴミなど、何でもいい。スパットを見つけたら、じっとそれを見ながらアドレスに入ること。わき見をしたり、瞬《まばた》きをしたりすると、スパットを見失います。

●スパットは視野に入る範囲内に設定する

「スパット」を設定する位置は、「ボールより数十センチ先」がベストだ。

　イラストのような、大きく膨らませなければカップインしないフックラインの場合、スパットを1メートル先に設定しようとすると、そのスパットは実際のラインより外側になる。なぜなら、ボールをそのスパットに向かってヒットすると、そのスパットに到達する前にボールは左に切れ始めるからだ。

　つまり、この場合は、実際にはボールが通過しない地点を目標にしているわけで、これはかなり複雑な作業といっていい。

　しかし、スパットを「数十センチ先」に設定すれば、よほど極端に曲がるラインでもない限り、そのスパットはライン上にある。ヒットしたボールは、最初の数十センチくらいは勢いがあり、ほぼ真っ直ぐ転がるからだ。

　また、数十センチ先のスパットなら、アドレスに入ったとき視野のなかに入る。つまり出球《でだま》のラインを見ながらストロークできるわけで、これもこの位置にスパットを設定する理由のひとつだ。

　こうしてスパットを設定し、タッチもイメージできたら、あとはそのスパットに向かってボールを打ち出すことだけに全神経を集中させよう。カップを見る必要はない。ボールが理想的なスピードで数十センチ先のスパットさえ通過すれば、かならずカップインすると信じるのだ。

　よく、パットは1メートルが真っ直ぐ打てればいいというが、本当はスパットまでの数十センチが真っ直ぐ打てればいいのである。

●スパットの設定法●

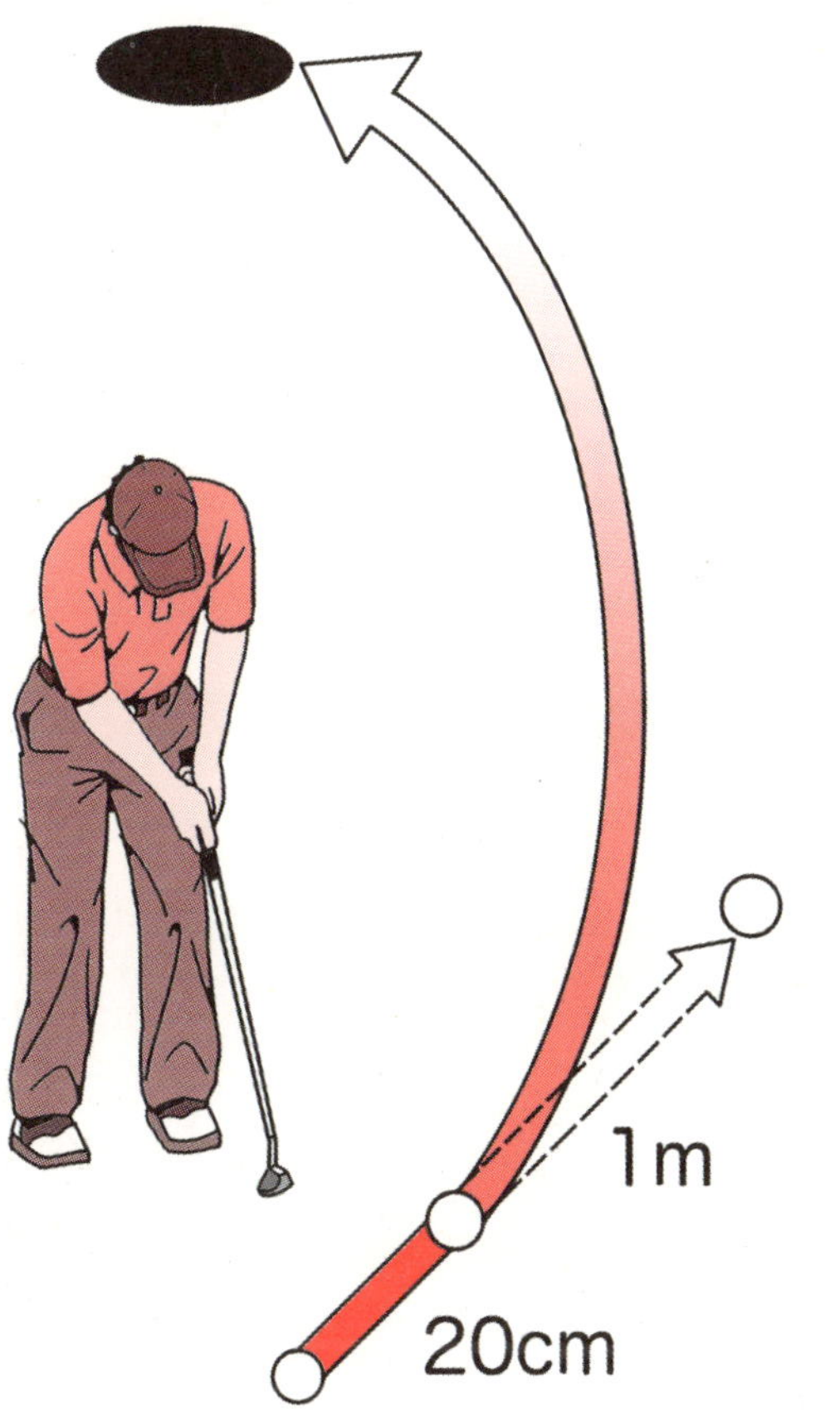

スパットは、実際には通過しない1メートル先より、数十センチ先に設定する。あとはその目標に向かって打ち出すことに集中すればいい

ショートパットの狙いどころ

●ターゲットを凝視するメリット●

ターゲットを2〜3秒凝視することで集中力が高まる

●ショートパットの狙いどころは〝小さく〟

ほとんど真っ直ぐに見えるショートパット。「カップのど真ん中」を狙えば入りそうだが、意識の持ち方としては、「ど真ん中」ではアバウトすぎる。「カップのど真ん中」なら「ど真ん中にある〝何か〟」を狙ってストロークすべきなのだ。その「何か」は、「カップの向こう側の壁にある塗装の剝《は》げた部分」でもいいし、「入り口付近に1本だけ伸びている芝」でもいい。

小さなターゲットを見つけるのは、人間はターゲットが小さいほうがずっと集中できるから。そして、集中できればできるほどカップインの確率も高くなるからである。

よく狙いどころとして「カップの右端」のような言い方をするけれど、もっと細かく「カップの右端から1センチ内側」とか「カップの右端をかすめるくらい」のような狙い方のほうがいい。「カップの右端」と「カップの右端から1センチ内側」では、パターのフェイスの向きはほとんど変わらないが、ポイントは「カップの右端から1センチ内側」を「見る」ことにある。

人間の脳は「見る」ことによって、そこにボールを打ち出すよう身体に指令を出すのだ。

●ターゲットは2秒見る

カナダのカルガリー大学視神経系心理学研究所で、パッティングの上手いゴルファーと下手なゴルファーは、パッティングの際、どこをどう見ているのかを調べる実験が行なわれたことがある。

パッティングの上手いゴルファーは、カップの一部（たとえば縁の芝の1本）をターゲットとして選び出し、そこに鋭く焦点を合わせると、そこを2〜3秒凝視《ぎょうし》した。

一方、パッティングの下手なゴルファーは、カップとその周辺をせわしなく見回し、焦点は一点に定まらなかった。また、1回の凝視に費《つい》やす時間は1〜2秒だった。前項で「ターゲットは小さいほどいい」といったことが証明されたわけだが、ここではパッティング巧者は、ターゲットを2〜3秒凝視するという点にも注目したい。

実験にあたったヴィッカーズ博士によれば、パッティングを行なうためには、脳は1000億個ものニューロン（神経細胞）を統御《とうぎょ》しなくてはならないという。それにはターゲットを凝視することで情報を集める必要があり、それによって初めて神経系ネットワークは、両手、両腕、身体によるストロークをコントロールできるのだという。

パッティング以外でも、弓道、アーチェリー、ダーツなど的《まと》を狙うスポーツの名選手は、みな的を射抜くような鋭い眼光《がんこう》でターゲットを凝視するが、それは、そうしないことには集中力も高まらず、身体も正確に動いてくれないからなのだ。

ラインの最終確認

●ラインを確認する順序●

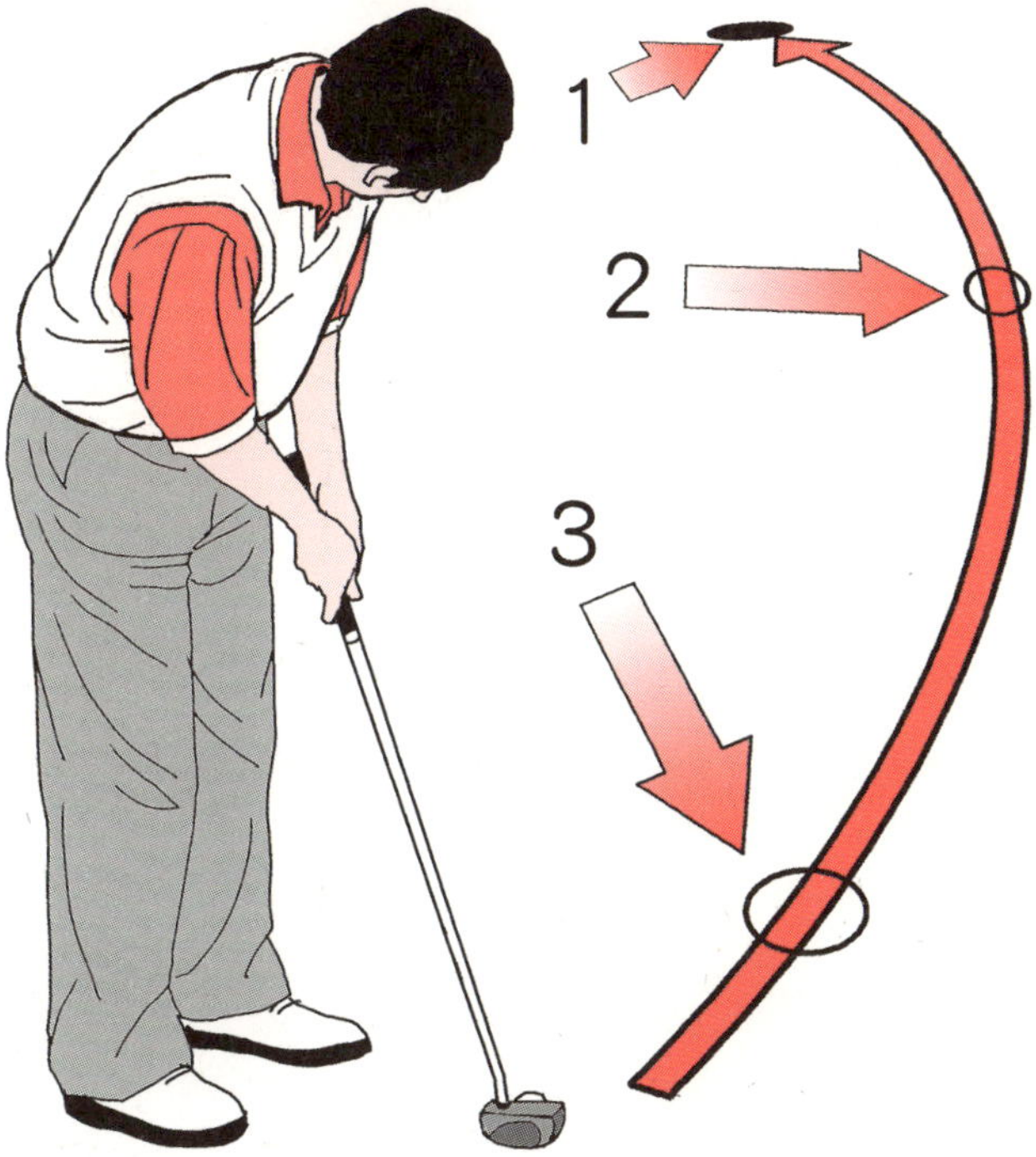

最終的なラインの確認を、①カップ→②ブレイクポイント→③スパットの順で行なったら、カップは見ずにスパットに集中してストロークする

●最後に目標を見るとき、顔を上げない

スパットが決まり、パターのフェイスもスパットに合わせた。ここで、たいていのゴルファーは、最後にもう一度、目標（ストレートなラインならカップ、曲がるラインならブレイクポイントやスパット）を見るはずだ。

このとき絶対にやってはいけないのが、顔を上げて目標を見てしまうということ。前に、ラインを読むときは首の角度を変えずに、顔を左に向けるという話をしたが、理由は同じ。最後に顔を上げてしまっては、確認したラインを違う角度から眺めることになり、ラインのイメージが狂う。顔を上げた瞬間、スパットを見失うこともある。最後に目標を確認するのは、アドレスがすべて完了したときだから、そのとき首の角度はストロークするときの角度になっているはず。その角度は、ストロークが終わるまで絶対に変えてはいけないのだ。

●最後にスパットを見たら、絶対にカップは見ない

最終的なラインの確認では、もうひとつ犯しやすいミスがある。それは曲がるラインで、最後の最後にカップを見てしまうというミスである。

曲がるラインでは、スパット→ブレイクポイント→カップの順でボールが通過する。だから、最終的にラインを確認するときは、カップ→ブレイクポイント→スパットの順であるべき。最後にスパットを見て、フェイスがそこを向いていることを確認したら、あとはボールをそのスパットの上を通過させることだけに集中してストロークする。

ところが、最後にスパットを見たあと、もう一度カップを見てしまうともういけない。次の瞬間、そのゴルファーのアドレスやフェイスの向きは、ほんのわずかでもカップ方向に向いてしまう。人間の脳には「最後に見たもの」の印象がもっとも強く残る。「狙いはスパット」だとわかっていても、「最後に見たの」がカップでは、無意識のうちに身体はカップを狙おうとしてしまうのである。

こうなると、もうそのパットは入らない。ラインを読んでスパットを決めた以上、そのスパットを信じてストロークするしかないのである。

ストローク中の目線

●「ボールの後ろを見続ける」メリットとは●

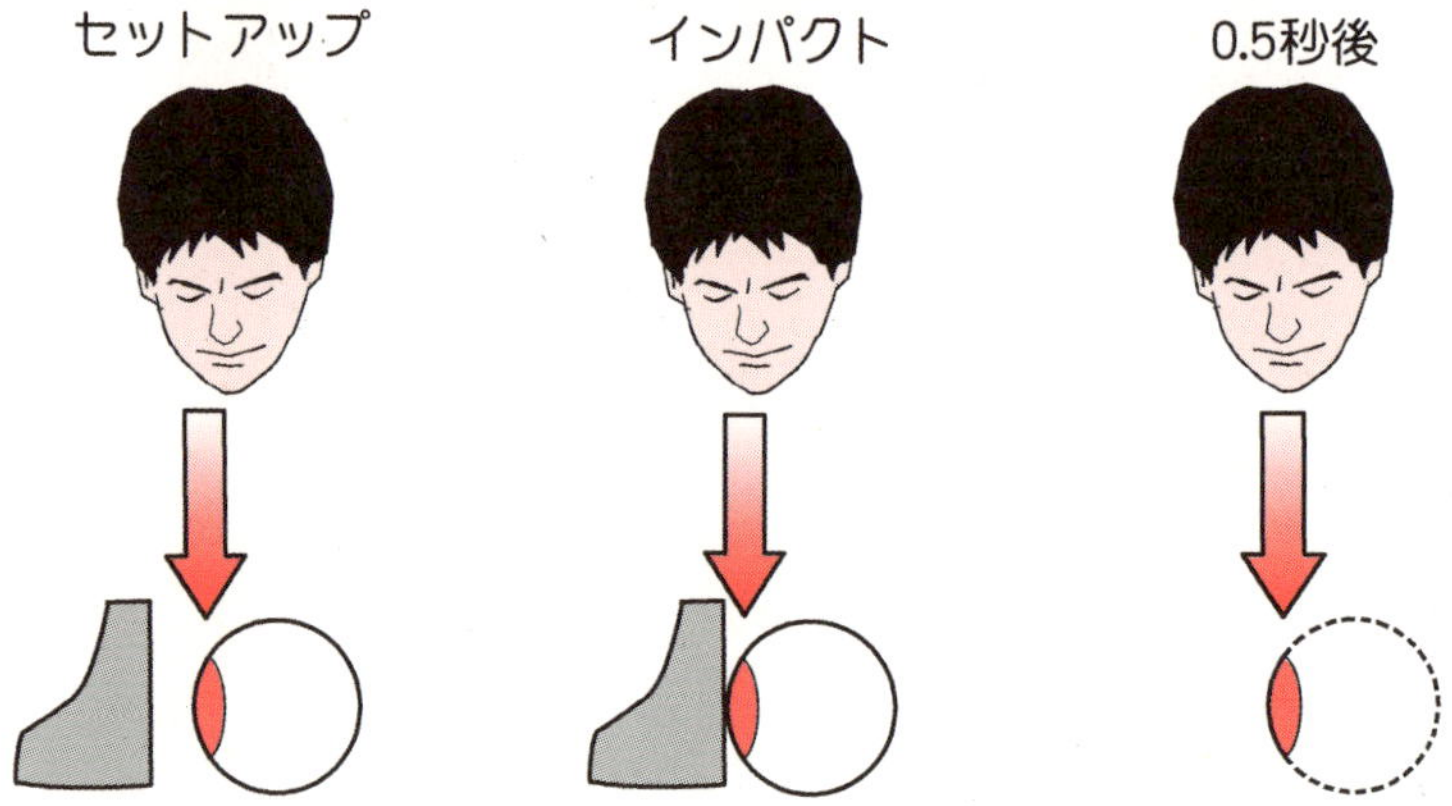

ボールの後ろを見続けることで「パターの芯」でボールをとらえられるようになる。さらに、ヒットしてから「0.5秒間」、ボールのあった場所を見続けることで、ヘッドアップも防げる

●ボールの後ろを見続ける

66ページで紹介した実験では、もうひとつ興味深い結果が得られた。

それは、パッティングの上手いゴルファーは、ストロークの間、ボールの後ろ（パターのフェイスが接触する面）を見ている人が多いということである。

それはセットアップからインパクトの瞬間までではない。ボールをヒットしてから０・５秒間、つまりフォロースルーの間も、じっとボールのあった場所を見続けていたというのだ。

しかし、これも、考えてみれば当然だろう。ターゲットが決まり、パターのフェイスの向きをセットすれば、あとゴルファーが気をつけなければならないのは、パターの芯でボールをとらえることだけだ。つまり、そのときのターゲットはボールの真後ろになり、そこを見るのは当然というわけである。

ヒットしたあともボールのあった場所を見続けていたのは、もちろんヘッドアップしないため。パッティング巧者には、やはりパッティングが上手いだけの理由があったのだ。

●ボールは、ぼんやり見る

「ボールの見方」については、こんなことをいうプロもいる。

パターのヘッドをボールに合わせたら、ストロークが終わるまで、ボールはぼんやり見ていたほうがいいというのだ。

もちろん、目線はボールに向いており、絶対にヘッドアップはしないのだが、ボールは「凝視」しない。なぜなら、ボールを「凝視」してしまうと、身体が固くなってスムーズにストロークできなくなるから。頭のなかにある距離感のイメージをキープしたままストロークするためには、ボールはぼんやり見るくらいでいい、というわけである。

たしかに、ショットの場合、ボールを「凝視」すると、「ボールを打つ」というイメージが強くなって、ついつい力《りき》んでしまうことが多い。

ショットについては、「スイングの途中にたまたまボールがある」つもりでクラブを振り抜けとよくいわれるが、そのためにはボールは凝視しないほうがいい。

パッティングもそれと同じ。よどみなくストロークするためには、ヘッドの軌道上にたまたまあるボールをヒットするという感覚が大切で、そのためにはボールはぼんやり見るくらいでちょうどいいというのは、たしかに一理ある。

「ボールの後ろを見続ける」のがいいのか、「ボールはぼんやり見る」のがいいのか、それとも「ぼんやりとボールの後ろを見続ける」のがいいのか。

どれがベストかは、あなた自身が試して決めていただきたい。

外れたパット

●ボールの行方は、最後まで見守る

《ケース①》 10メートルの下りのパット。インパクトした瞬間、「入る」という手ごたえがあり、ボールの行方を見守る。しかし、ラインに乗ったかに見えたボールは、カップの手前50センチのところでスッと右に切れ、カップの先60センチほどの所に止まった。がっかりはする。しかし、気を取り直して返しのパットを入れる。

《ケース②》 2メートルの下りのパット。軽いスライスラインのはずだ。ところが、インパクトした瞬間、フェイスが開いたのがわかって、思わず天を仰《あお》ぐ。実際、ボールはカップをかすめもせず、右を通りすぎて、カップの先60センチほどの所に止まった。しかし、気を取り直して打った返しのパットは、思ったよりフックして、3パットしてしまう。

なぜ、**ケース①**は2パットで済み、**ケース②**では3パットしたのか？ 理由は単純。**ケース②**では、打った瞬間、ミスパットだとわかり、ボールの行方を見なかったからだ。

ボールの行方をちゃんと見ていれば、カップの横を通りすぎたあと、ボールがどう転がったかがわかったはず。この場合なら、返しのパットは、見た目以上にフックするということがわかったはずだが、ファーストパットの転がり方を見ていなかったため、それがわからない。だから返しを外したのだ。

ミスパットとわかった瞬間、思わず目を背《そむ》けてしまうゴルファーは案外多い。ボールがカップの横を通り過ぎるのを見るのがイヤなのだろうが、これでは返しのラインがわからない。ボールは最後まで見守るべし、だ。

●ボールを見るか見ないかで、結果が変わる●

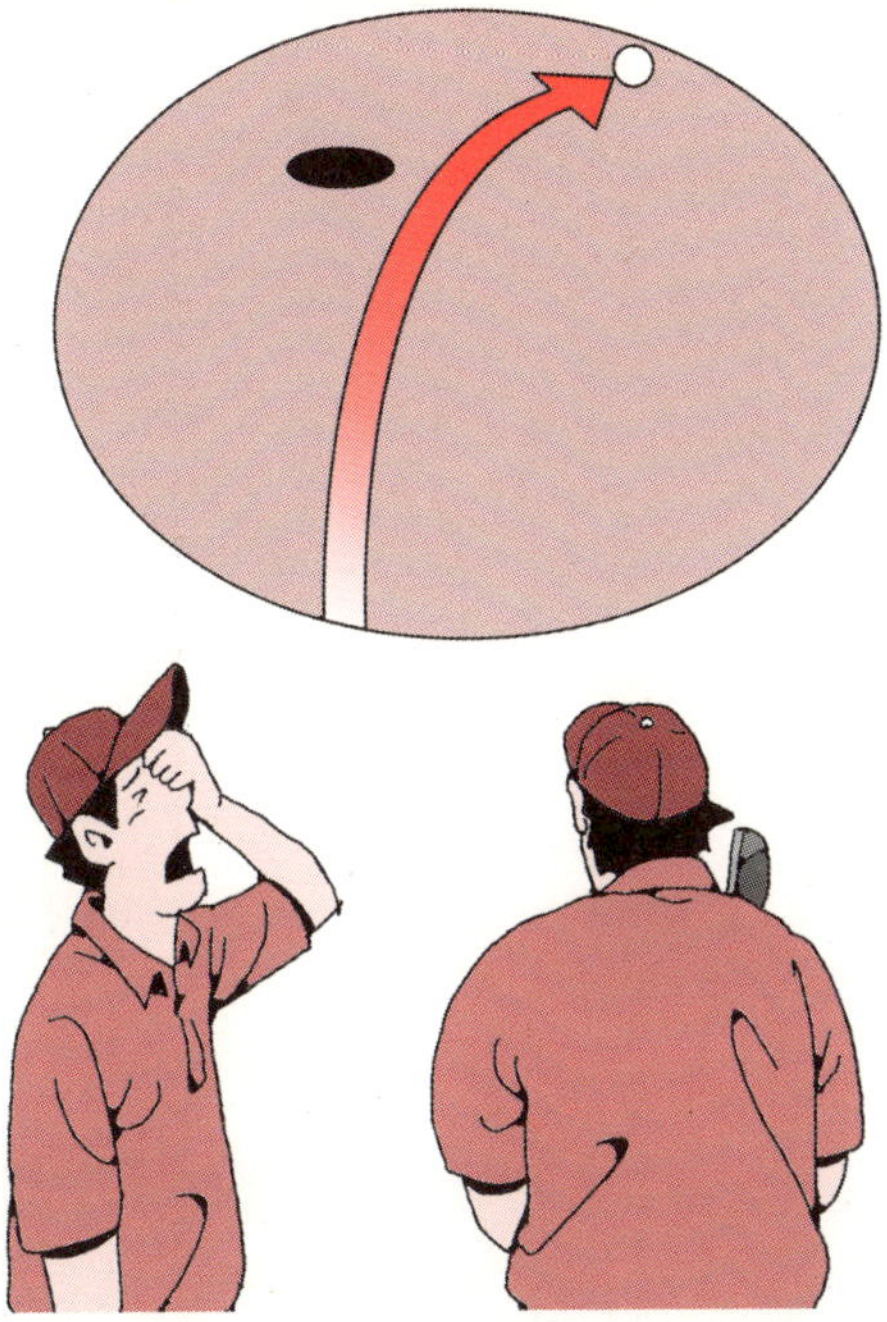

しっかり見ておかないと「返しのパット」を
打つための〝情報〟がつかめなくなる

●ボールの転がりを目に焼きつける

ボールを最後まで見守るのには、もうひとつ理由がある。それは、ボールが自分が思い描いた通りのスピードで転がっているかどうか、そして自分が読んだ通りに曲がるかどうかを確認するためだ。

パッティングのたびに、自分のストロークの振り幅（タッチ）と実際のボールの転がりの残像を目に焼きつけておくと、それは〝その日のタッチ〟を調節するうえでの貴重な情報になる。「前のホールはこのくらいのタッチだったから、あのくらいのスピードで転がった」そんな情報が蓄積《ちくせき》されればされるほど、タッチは合ってくる。

ボールがラインを外れたり、明らかにショートやオーバーするとわかった時点でボールを目で追うことをやめてしまう人がいるが、これはちょっともったいない。ボールの転がりは最後まで見届けて初めて、貴重な情報として蓄積されていくのだ。

タイムオーバー

●基準は「8秒以内」

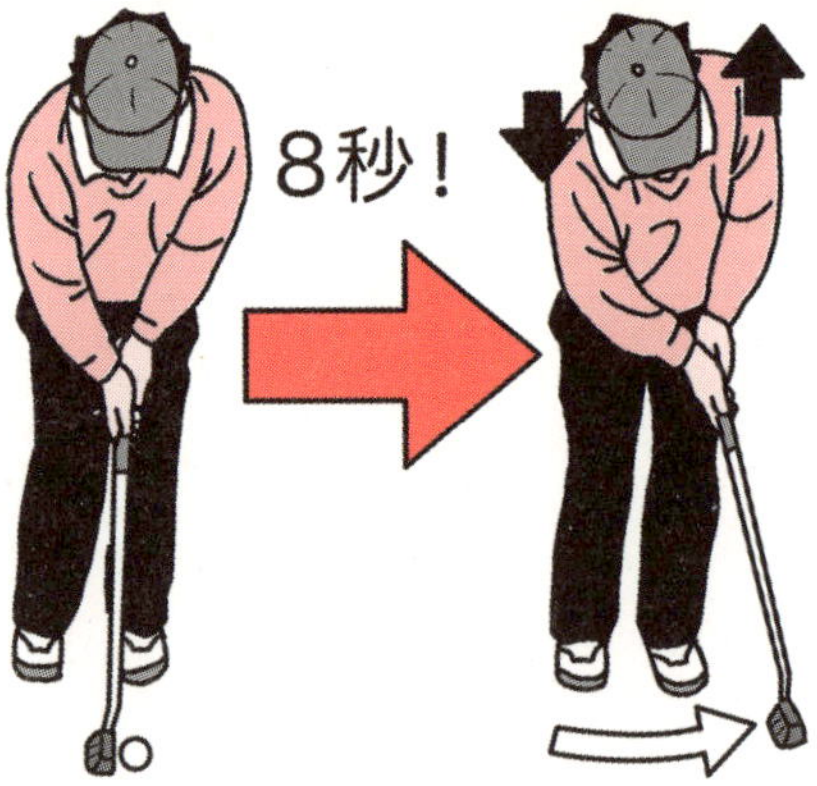

「8秒以内」をひとつの基準にすれば、ラインを読みすぎることも、迷うこともなくなる

●ラインは読みすぎない

さて、この章では、ラインの読み方やターゲットの設定の仕方についてさまざまな方法を紹介してきたが、最後にもっとも大切な話をしておこう。

それは、「ラインを読みすぎない」ということである。

どんなゴルファーでも、何回か実際のラウンドを経験すれば、グリーンに上がって、自分のボールとカップを見れば、おおよそのラインがわかるものだ。

そして、これまで述べてきたような方法でラインを読み、タッチもイメージしたうえでストロークする。

ところが、パッティングの順番が最後だったり、ラインを読む時間が長すぎたりするともういけない。最初は見えなかった〝あるはずのない傾斜〟がしだいにあるような気がしてくる。

最初は「カップ1個分スライス」と思っていたのが、「左右の傾斜を相殺《そうさい》すれば、ストレートか」とか「いや、むしろフックのほうが強いか」などと考え始めるのである。

こうなると、決断がつかないままストロークしたり、あるいは第一感とは逆のラインに打ったり。結果は推《お》して知るべし。

とくにストレートなラインが危ない。ゴルファー心理として、「厳密にはまっ平らなグリーンなどというものはめったにない。ゆえにボールは微妙にでも曲がるもの」という思い込みがある。

そのため、「しっかり打てばストレート」なラインも、ラインを読みすぎると微妙な傾斜が見えてきて、「いや、少しスライスするはず」などとなる。

なるほど、最後のひと転がりで入るような弱々しいパットなら、「少しスライスする」のかもしれない。

しかし、これは、「しっかり打てばストレート」なラインを、わざわざ難しくしているようなもの。そう、ラインを読みすぎるのは、自分で自分の首を絞めるような行為なのである。

●パット巧者はパットに時間をかけない

前に紹介したカルガリー大学の実験によれば、上手いゴルファーがパットを成功させるときは、1パットにつき8秒かけ、平均10回ターゲットを見ている。しかし、失敗するときは、1パットの所要時間が10秒と長くなり、ターゲットを見る回数も増えることがわかっている。

つまり、パッティングの名手でも、ラインを読む時間が長すぎると、失敗する確率が高くなるということである。

迷うほどラインは読んではいけない。それでも迷ったら、第一感に従うしかない。これはパッティングの極意といっていい。

Lesson 5

●ここ一番に強くなる!

メンタル強化の極意

ポジティブ思考

●「寄ればいい」という考え方は捨てる●

「入る!」という自信こそが
集中力を高めるカギになる

●どんなパットも「入る」とイメージする

メンタルスポーツといわれるゴルフ。なかでも心の持ちようにもっとも大きく左右されるのがパッティングであることはいうまでもない。

プロでもアマでも、優勝やベストスコアの更新がかかったパットはシビれる。大叩《たた》きしたラウンドの後半は、集中力が切れて1メートルのパットを簡単に外す。パッティングで最後にモノをいうのは、技術ではなく心に違いない。

では、パットを成功させるための心の持ちようとして、もっとも大切なものは何か？　それは、どんなパットも「入る」とイメージすることである。

たしかに、20メートルもあるようなスネイク・ラインを一発で沈めるのは、確率的にいってかなり低いのは事実だ。しかし、カップがボールと同じグリーン上に切ってある以上、かならずカップインするルートはある。しかも、そのカップの直径はボールの約2・5倍もあることを考えれば、そのルートは1本の細い線ではない。

ところが、多くのアベレージゴルファーは、カップまでの距離が長くなればなるほど、そしてラインが複雑になればなるほど、入るような気がしなくなってくる。そして、ラインを読むことを途中であきらめ、「2パットでいけば御《おん》の字」と、距離を合わせようとする。

たしかに、パッティングではラインの読みより距離感のほうが大切だが、だからといって「寄ればいい」と考えてストロークすると、これが思ったほど寄らない。なぜなら、「寄ればいい」という考えでは、どうしても集中力に欠けるからだ。

集中力をフルに発揮するためには、どんなに難しいラインでも、それを読みきろうとする姿勢が大切になる。

そのためには、「入る」というイメージが絶対に必要。「入る」と思うことができるゴルファーは必死になってそのラインを探そうとする。このときのゴルファーの集中力はピークに達している。集中力とは、「このパットが入る」と思わないことにはフルに発揮されないのだ。

そもそも「どうせ入らない」と思ってパッティングしたのでは、ゴルフがちっとも面白くない。万が一入ったところで、それはまぐれでしかなく、思わずガッツポーズが飛び出すような快感もない。まあ、それでもうれしいことはうれしいが、ガッツポーズが出ないようなゴルフはつまらない。すべてのショットやパットがこんなふうなら、ゴルフをやる意味がないし、当然ながらいいスコアだって望めない。

「どんなパットも入る」と思う——。これは過信ではない。ゴルファーがゴルファーであるための条件なのだ。

カップインの奥義

自信を持つことの効用

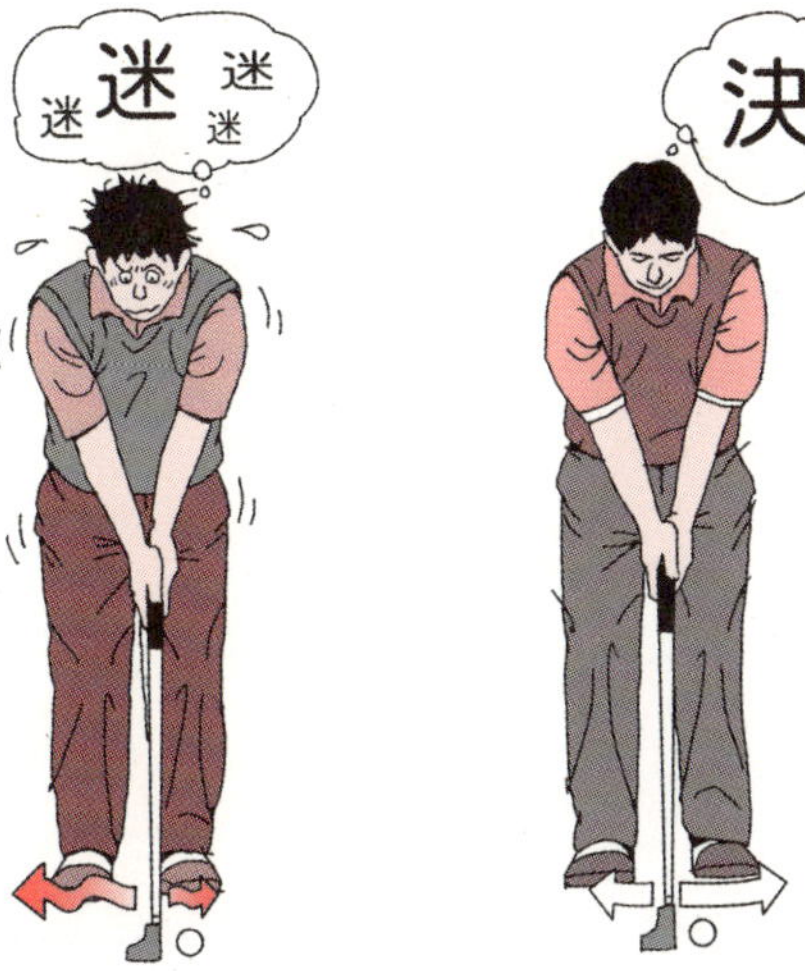

「パットがうまい」という自信を持つことで迷いが消え、ストロークのリズムが良くなる。その結果、力みや緩みが減り、ボールを芯でとらえられる

●「入れたい」ではなく「入る」と考える

2～3メートルの〝入れごろ・外しごろ〟のパット。プロでもこの距離が入る確率は半々。アマチュアなら3分の1というところだろう。だから、アマチュアが「入れたい」と思ってしまうのも無理からぬ話ではあるのだが、ここは「入れたい」ではなく、「入る」と思ってほしい。

「入れたい」というのは、願望である。願望というのは、望みがかなわない可能性があるときの心理で、この場合でいえば、「入れたい」と願うゴルファーは、一方で「入らないかもしれない」と不安に思っている。

不安を抱えながらのストロークがうまくいくはずがない。そもそも不安を抱えているゴルファーは、ストロークの仕方を云々《うんぬん》する以前に、集中力が削《そ》がれてしまっている。なぜなら集中力と不安は両立しないから。これでは「入る」ものも入らないのだ。

入れごろ・外しごろのパットだけでなく、どんなパットも「入る」と思っていただきたい。なんだか自惚《うぬぼ》れているようだが、「入る」と信じることがカップインさせるための条件なのだから、大いに自惚れるべきなのだ。

●「入れてやる」がダメな理由

では「入れる」や「入れてやるぞ」というのはどうか？

強い意志が伝わってきて、けっこうよさそうだが、「気負い」が感じられて、ふだん通りのストロークができない危険がある。

「入れてやる」より悪いのが「外したくない」だ。これも願望を表す言い方だが、ネガティブな言い方である点がよくない。「〇〇したくない」という言い方には「では、どうすればいいのか」という答えがない。これでは脳も身体も動きようがないのだ。

もっと悪いのが「外せない」。この言い方には、「このパットを外せば、重い罰を受ける」とでもいうような強い強制力がある。プロにとって、1メートルのパットは「入って当たり前」のパットだが、優勝がかかっていると、この「当たり前」が当たり前ではなくなる。「外すかもしれない」という不安が頭をよぎる。しかし、プロである以上、1メートルのパットを外すのは恥だ……そんなネガティブな感情から生まれたのが「外せない」だろう。

このとき、ゴルファーの頭のなかには、優勝カップを手にしている自分の姿と、肩を落としてクラブハウスに引き揚げる自分の姿が交互に浮かんでいる。つまり、このゴルファーは、〝今〟ではなく、未来のことを考えている。これでは集中できなくて当然。入るパットも入らなくなる。

シビれるパットであろうが、何だろうが、パットはすべて「入る」と信じる。パットの奥義《おうぎ》である。

集中する

●「リズムよくストローク」することだけに集中する●

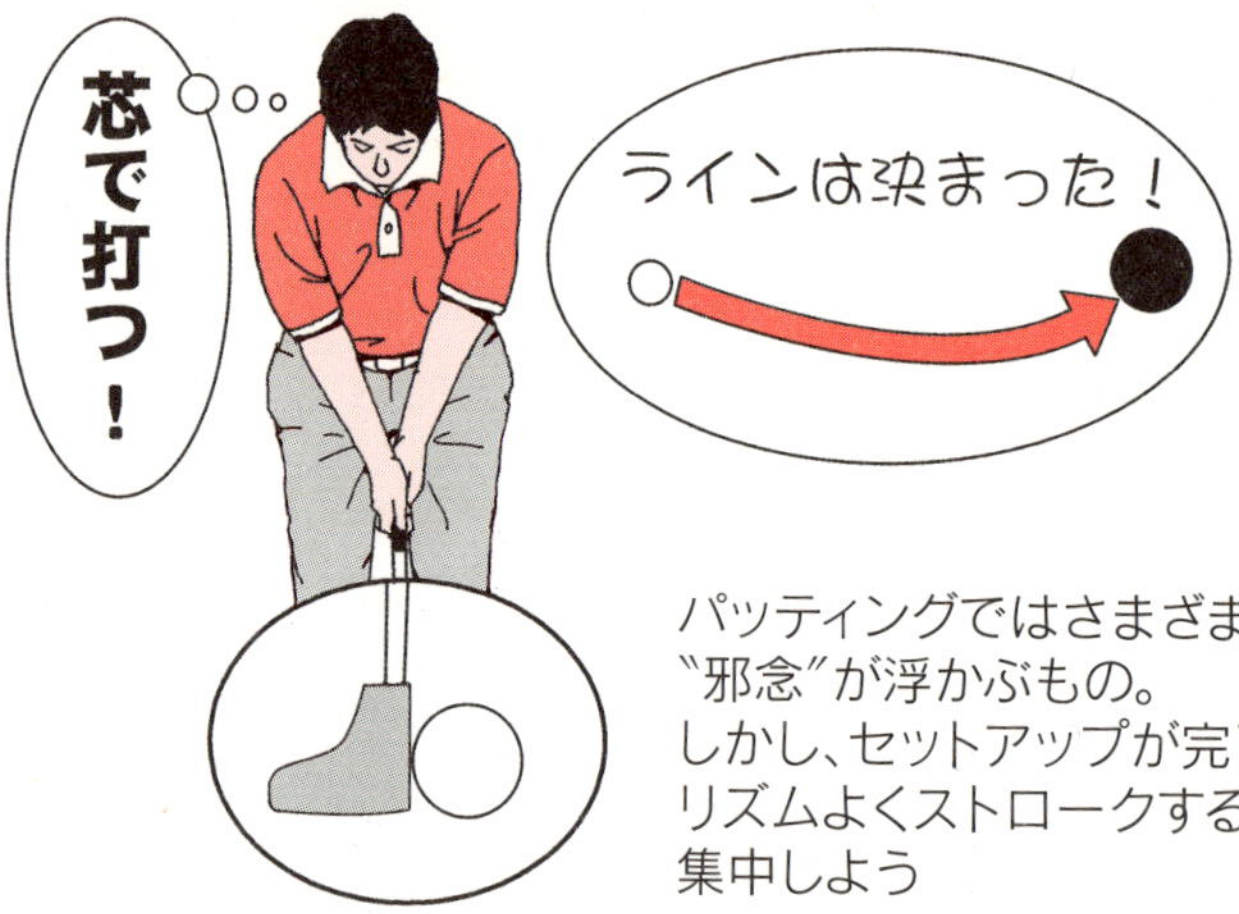

パッティングではさまざまな〝邪念〟が浮かぶもの。
しかし、セットアップが完了したら、リズムよくストロークすることのみに集中しよう

●ストロークのリズムだけを考える

ラインもタッチもイメージできた。それでも、いざストロークする段になって、アドレスやフェイスの向きが正しいのかどうか、不安になることもある。

こんなときは、アドレスやセットアップは正しいのだと信じて、リズムよくストロークできることだけを考えよう。なぜなら、それがボールをヘッドの芯でとらえるもっとも簡単な方法だから。芯を外すのは、ストロークのリズムがふだんと違うときだ。

これまで何度も述べたように、パッティングでもっとも大切なのは、ヘッドの芯でボールをとらえることだ。芯に当たっていないボールは、転がりも方向性も悪くなる。だから、セットアップが完了したら、リズムよくストロークすることだけを意識することだ。

●ショートパットにこそ、最大限集中する

ゴルフというゲームでは、1ホールのなかでも「徐々に集中力を高めていく」のがスコアをまとめるコツだ。

ティーショットは、「だいたいあの辺に行けば」というくらいのつもりで打ったほうがうまくいく。しかし、グリーンを狙う第2打やアプローチでは、ターゲットはぐっと小さくなるから、ティーショットより集中力が必要。そして、ターゲットがもっとも小さなカップになるパッティングでは、集中力がマックスに達する。

どんなにティーショットやアプローチが素晴らしくとも、最後の最後、ショートパットを外せば、それまでのナイスショットは水の泡だ。逆に、ティーショットをミスしても、第2打でリカバリー。その第2打をミスしても、今度はアプローチで寄せる。そして、そのアプローチが寄らなくても、パットを一発で決めればパーで上がれるのがゴルフだ。

言い古された言葉だが、スコアメイクの鍵はやはりパットが握っている。人間は四六時中、集中することはできない。集中力の総量が10あるとすれば、そのうちの半分以上はパットにこそ費《つい》やすべきなのだ。

なかでも、最大限の集中力を発揮すべきなのが、1メートル前後のショートパットだろう。ショートパットは、外したときのダメージが大きいというだけでなく、そのホールの最後の1打、つまり次のホールへのつなぎになる1打でもある。そんなパットを外せば、どうしても次のホールのティーショットに悪影響が出る。

ゴルフでは、ショートパットにこそ最大限の集中力を発揮すべき。ティーグラウンドやフェアウェイを歩いているときはリラックスしていても、グリーンに上がると自然に集中力が高まってくる――そんな〝心のメリハリ〟が身につけば、あなたのスコアは格段によくなるはずだ。

最初の3ホール

●「ジャストタッチ」の2パットでOK

練習グリーンで、その日のグリーンの速さがわかったつもりになっても、いざ本番となると、自分のイメージ通りにボールが転がってくれるかどうか不安なものだ。コースによっては、練習グリーンとコースのグリーンの仕上がりがかなり違うこともあるし、そもそもの話、スタートしてすぐはパッティングの〝感じ〟が出ないということも大きい。

だから、プロゴルファーのなかには、最初の3ホールは「ジャストタッチ」を心がけ、2パットでよしとする人が多い。

ファーストパットがOKにつき、簡単に2パット目を沈める。そんなふうに3ホールを無難にやりすごすことができれば、そのころには、その日の〝感じ〟が出てきている。そうしたプロセスを踏んで初めて、〝攻めのパッティング〟ができるというわけである。

たしかに1番ホールでロングパットが決まって悪いはずはない。しかし、最初からロングパットを狙って、これをカップインさせてしまうと、早くもアドレナリンが全開。終わってみれば、バーディもあればボギーもOBも……という〝出入りの激しいゴルフ〟に終わっているというケースは多い。スーパーショットやナイスパットが多かったわりには、スコアが伸びていないのである。

最初の3ホールは、2パットでもよしとして静かにスタートしていく。ベストスコアが出るのは、たいていこんな日のラウンドなのである。

●最初の3ホールはジャストタッチを心がける●

最初の3ホールは
「入れ」にいかなくていい

●最初のショートパットだけは〝強め〟に

最初の3ホールは、ジャストタッチの2パットでもよしとする、といったけれど、ショートパットだけは別。スタートホールでも、1メートルのパットが残ったら、その距離だけは〝強め〟にヒットすべきだ。

なぜなら、1メートルという短い距離をジャストタッチでカップインさせようとすると、結果はともかく、次に1メートルのパットを打たなければならなくなったとき、しっかり打つことができなくなるからである。

最初の1メートルをジャストタッチで狙って外してしまうと、ダメージが大きく、そのイヤな感じが後を引く。仮にジャストタッチで入ったとしても、今度はそのときの〝ジャストタッチの感じ〟が一日中ついて回って、〝強め〟にヒットすべき勝負どころで強めに打てなくなってしまう。

1メートルを〝強め〟にヒットして外したときは、「ラインを読み違えた」か「ストロークの軌道が狂った」かのどちらか。こうしたミスはその日のうちに修正がきくけれど、タッチだけはなかなか変えられない。最初のショートパットは、その日のタッチに自信を持つためにも、絶対にビビッてはいけない。

「お先に」

●「お先に」をする前に●

体勢が崩れていないか
あわててないか
砂がついていないか
気が抜けてないか

「お先に」を言う前に、「打つべきかどうか」を冷静に判断しよう。〝抜け殻状態〟で打つと思わぬミスが出る

●「お先に」を外す3つの理由

ファーストパットが外れて、1メートル以内の短いパットが残ると、「お先に」をするゴルファーは多い。プロはまず「お先に」を外さないが、アマの場合、4回に1回は外すのではないか。

「お先に」と言ったくらいだから、ラインもほぼストレートなはず。練習グリーンなら99％入るはずのパットなのに、なぜ外してしまうのか？　理由は3つある。

ひとつは、他の人のラインを踏まないよう、体勢が崩れたままストロークをしたからだろう。20～30センチならともかく、50センチとなると、体勢が崩れたままストロークすると、外すことは十分にありうる。こんなときは、一度マークをして、あとからストロークしたほうがいい。

2番目は、急《せ》く気持ちだ。

「お先に」と言ったゴルファーは、なぜか早くパッティングを終えなければならないと思ってしまう。そこで、ボールも拭《ふ》かずに、さっさと自分のパットを終えようとするわけだが、ついストロークが速くなったり、ボールに砂がついていることや、カップまわりにボールマークがあることに気がつかなかったりする。あなたの「お先に」に同伴競技者が同意した以上、そこからはあなたの時間なのだ。まあ、時間をかけすぎては顰蹙《ひんしゅく》を買うけれど、一度マークをして、いつもの構えをつくってから打ったところで、けっしてスロープレイにはならない。

3番目は、「入れにいったパット」「絶対に入ると思ったパット」を外したときの「お先に」というケースだ。

こんなときは、誰でも少なからず落胆してしまうもの。「入れにいったパット」には集中力もかなり使っているから、「お先に」のパットはいよいよ〝脱《ぬ》け殻《がら》状態〟で打ってしまいやすい。これでは入るはずのパットも入らない（4パットするときは、たいていこうしたケースのはず）。

こんなときは、ボールをマークして、他のプレイヤーに順番を譲るべき。そして、気持ちを切り替えてから、残りのパットを沈めればいいのだ。

●「お先に」をしていい場合とは？

「お先に」をしていいのは、あなたがそのほうが入る確率が高いと思えるときだ。

たとえばショットがベタピンに寄ったとき。マークして後からパットすると「入る」イメージがなくなりそうなら、「お先に」をしたほうがいい。

また、イメージしたライン通りにボールが転がったが、少しショートしたなど、ラインのイメージが間違っていなかったときは、そのイメージが残っているうちに「お先に」をしたほうがいい場合もある。

プレッシャー

●ラインは「雨どい」をイメージする

ラインを訳せば「線」。しかし、パッティングのラインは、けっしてゴム紐《ひも》のような細い線ではない。

たいていのゴルファーは、カップの大きさをビールの大瓶かワインのボトルと同じくらいに思っているはずだが、一升瓶がすっぽり入るくらい大きい。それを実際より小さいと思い込んでいるのは、それだけパッティングを難しく考えすぎている証拠だともいえる。

ストレートなラインの場合、真ん中（時計でいうと6時）からしかカップインしないと思いがちだが、実際は5時から7時の間なら入る。曲がるラインにしても、スライスなら8時中心にして、7時から9時の間。タッチの強弱によっては、6時や10時の方向からカップインすることだってある。

ラインに対してこうした楽観的なイメージを持つためには、ラインを細い線ではなく「雨どい」のようなものだとイメージしてはどうだろう。最近のゴルフ中継では、パッティングの場面になると、コンピュータがはじき出した〝カップインするライン〟が表示されることがあるが、あのラインは雨どいくらいの幅がある。まさにあのイメージである。

ラインを〝線〟ではなく雨どいだとイメージすれば、ミスの許容範囲が広がり、その分だけプレッシャーが減る。それだけカップインの確率が高まるはずである。

●ラインは「太く」イメージする●

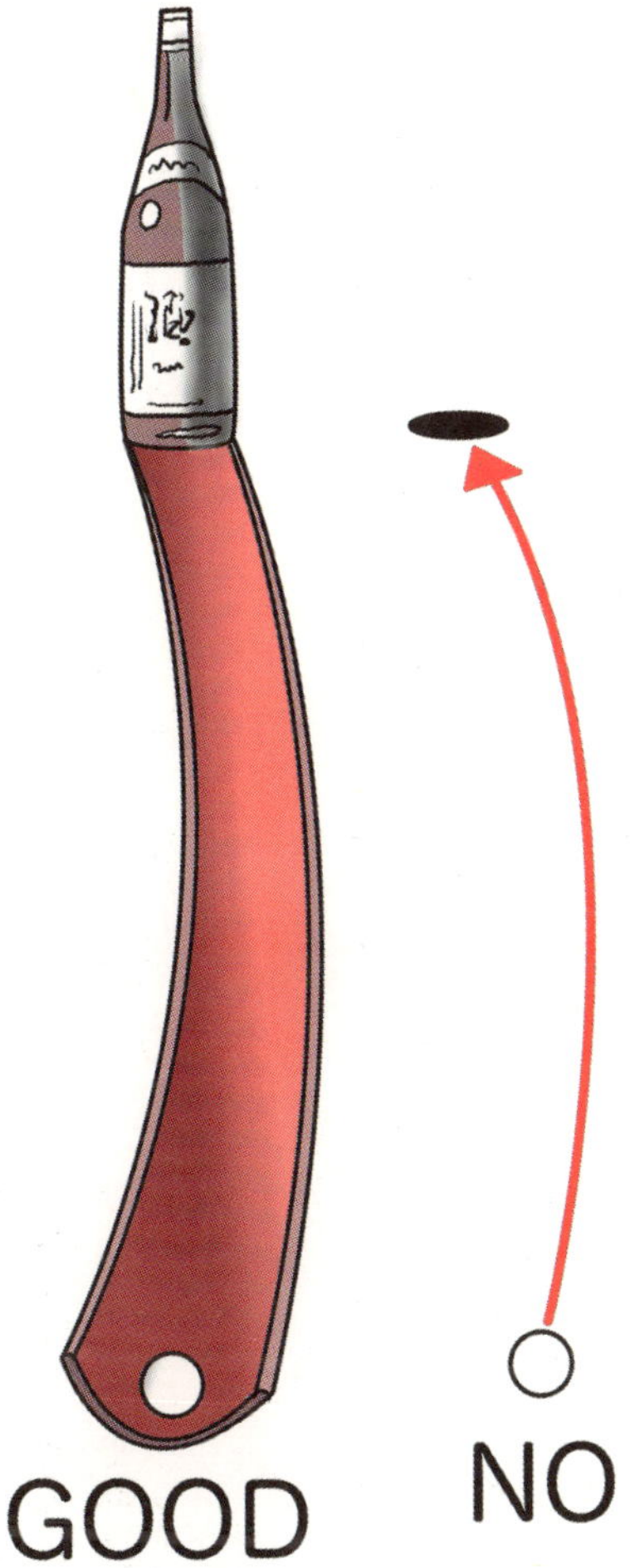

ゴルフのカップは意外に大きい。そこに至るラインも太くイメージすれば、プレッシャーが減る

●シビれるパットは、カップの左を狙う

18番ホールのグリーン。この1メートルのパットを入れれば、ベストスコアが更新できる……。こんなシビれるパットで、いちばん多いのが右に押し出すミスだ。

ふつうの状態なら、パターのヘッドはバックストロークでわずかだがオープンになり、それがインパクトでスクエアに戻る。ところが、プレッシャーのなかでは、ストロークがわずかに速くなり、ヘッドがスクエアに戻りきらないままインパクトを迎えてしまう。結果、フェイスが右を向いた状態でインパクトを迎えるため、ボールを右に押し出してしまうというわけだ。

そこで、いわゆるシビれるパットは、ヘッドが戻りきらないことを想定して、カップの左を狙うという裏ワザもある。

「押し出すまい」として、左に外すケースもあるが、統計的には圧倒的に押し出しによるミスが多いという。プレッシャーに弱い人は是非お試しあれ。

入らない日

誰だって「入らない日」はある

ミスパットをしたとしても、
次のホールに向かうまでに
気持ちの整理をつけておこう

●外し続けても「いずれ入る」と考える

「入る」と思っても、実際は半分以上外れるのがパットだ。プロゴルファーの平均パット数は29前後。ということは、すべてのファーストパットが「入る」と思っても、実際は11回くらいは外れているということになる。

完璧なストロークができたとしても、微妙な傾斜に気づいていなければ、カップインしない。しかし、人間は測量用の精密機械ではないのだから、それもやむをえないと考えよう。このほか、パットの成否には、スパイクマークや突然の風など、あまりにもたくさんの不確定要素も影響している。

パッティングで大切なのは、結果に一喜一憂することなく、「自分が狙ったラインにイメージ通りのスピードで転がっているか」を観察すること。それで、そこそこうまくいっていると判断すれば、パットの調子がいいと思おう。「この調子なら、いずれ入りだす」と楽観的に構えていればいいのだ。

パットの調子がよければ、かならず1ラウンドのパット数は少なくなる。つまり、最初の数ホールを外したのなら、中盤あたりからはポンポン入りださなければ勘定《かんじょう》が合わないということ。パットに関しては、それくらいポジティブに考えていい。

それでも、最後のホールまで入ってくれなかったときは、ツキがなかっただけ。「今日は〝私の日〟ではなかった」と思えばいい。

●3パットしても自分を責めない

「心の乱れ」はゴルファーにとってもっともやっかいな敵である。とくにパッティングは、心が乱れるきっかけになりやすい。

3パットして、カーッとなったり、ガックリしたり。そして、気持ちの整理がつかないまま次のホールに向かうと、ティーショットも曲がり、坂道を転がるようにボギーやダボを連発してしまう……。

たしかに、1メートルもないショートパットを外しての3パットや4パットとなると、自分を責めたくもなる。

しかし、ゴルフでは、自分を責めては絶対にいいスコアは出ない。「下手クソ」と自分を罵《のの》ると、本当に「下手クソ」になるのがゴルフなのだ。

だから、プロのなかには、あまりにもパットが入らないと、パターに八つ当たりして、シャフトをへし折ってしまう人もいる。マナーとしてはいただけないが、パットが入らないのをパターのせいにすることで、自分を責めないようにしているのである。

ミスパットをしても、「ゴルフはミスのゲームなのだ」と自分を納得させよう。あるいは、入らなくても、「ちゃんと芯で打てた」とか「ストロークはスムーズにできた」と自分をほめてやろう。

ミスパットを引きずる——これはゴルファーがやってはならない最大のミスなのである。

ミスパットの原因

パットを成功させる4つの要素

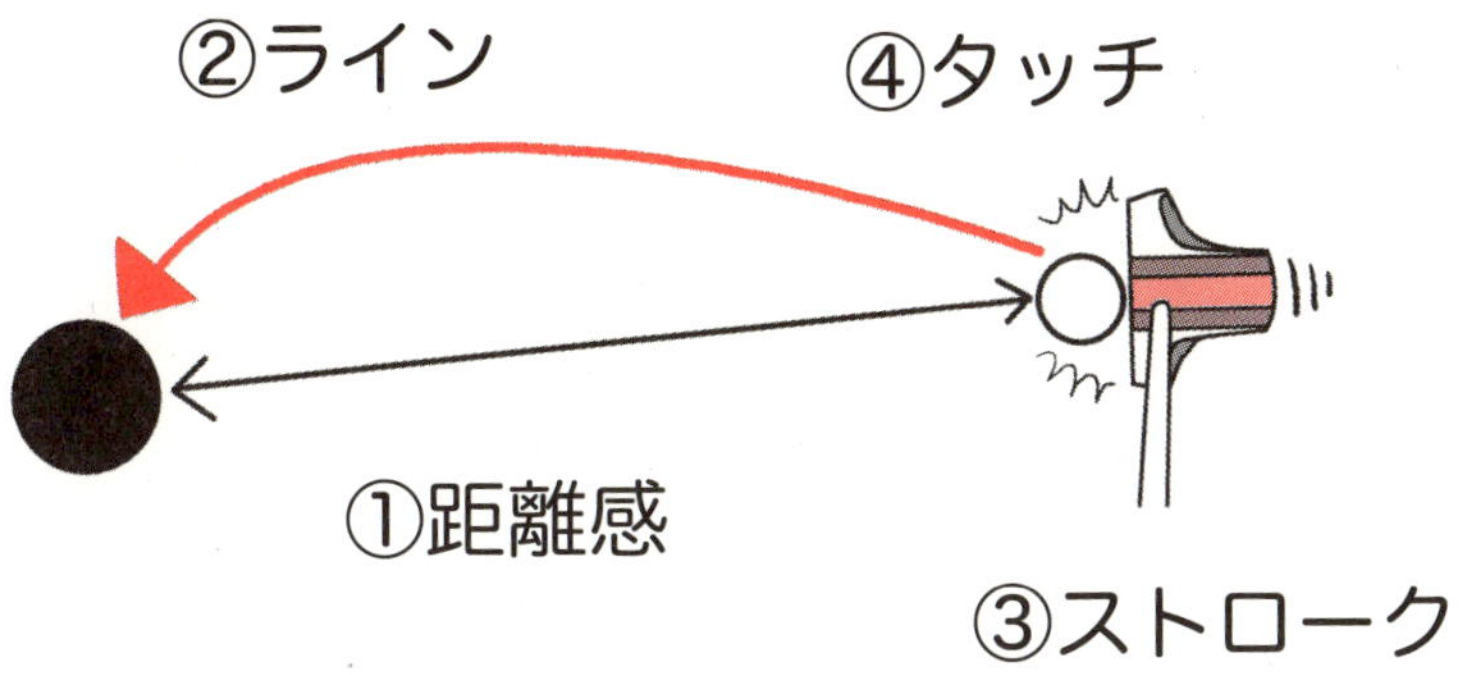

ミスパットしたときは、その原因は、このなかのどれか、あるいは複数にあることを理解しよう

●パットを成功させる4つの要素とは

ミスパットしても、自分を責めてはいけないといったが、ミスパットの原因は明らかにしておいたほうがいい。ゴルフでは、ミスパットもナイスパットも、すべて貴重な情報になる。

ここであらためて、パッティングの工程をおさらいしてみよう。

グリーンで自分のボールをマークしたあなたが最初に判断するのが、カップまでの距離と、上りか下りかの大ざっぱな傾斜だろう。

次は、ラインの読み。ストレートなのか、左右どちらかに曲がるのか。あるいはスネイク・ラインなのか。曲がるとすれば、そのブレイクポイントはどこにあるのかなどをチェックする。そして、その日のグリーンの速さも加味しながら、最終的に狙うべきポイント（仮想カップ）を決め、さらにその仮想カップに打ち出すための目標（スパット）を決める。

通常、ゴルファーはアドレスに入るまでにこれだけのことを実行しているわけだが、その作業はすべて脳のなかで行なわれている。

使われるのは主に視覚だが、脳（記憶の貯蔵庫である海馬《かいば》）にはこれまでのパッティングについての膨大《ぼうだい》な情報が詰め込まれている。あなたはそれらのなかから必要な情報を引っぱり出してきて、これからのパッティングに役立てようとする。こうしてラインとタッチが決まってから、アドレスに入るわけだ。

ここから先は、技術の問題になる。狙った方向に、イメージした通りのタッチでストロークできたとき、そのパッティングは少なくとも技術的には完璧ということになる。

こうして、めでたくカップインすれば、脳内での作業、つまり距離感とラインの読みも完璧だったということになる。

つまり、パットを成功させるためには、

①タッチ（距離感）のイメージ
②ラインの読み
③狙った方向に打ち出す技術
④イメージしたタッチを再現できる技術

の4つが正しく行なわれなければならないということ。逆にいえば、この4つの項目のうち、ひとつでもミスがあると、そのパットは入らないということである。

パッティングが上達するためには、ミスパットの真の原因を明らかにしなければならないといったが、その原因は今、紹介した4つのなかにかならずあるし、それが複数という場合もある。パットが入らなかったときは、かならずその原因を明らかにしておこう。

とくにパットが苦手な人は、4つの要素のうち、とくに自分に欠けているものが何なのかを探ってほしい。

それに気づけば、対策の立てようもある。何であれ、失敗をくり返さないためには〝失敗の本質〟を知ることがもっとも大切なのだから。

イップスとのつきあい方

●なぜ、イップスになるのか？

ゴルフのメンタル面について考えるこの章で、触れないわけにはいかないのが「イップス」。ゴルファーにもっとも恐れられている〝精神疾患〟である。

イップスは、大事な場面でショートパットを何回も外すようなことが続くと発症しやすい。簡単なパットを外し続けたゴルファーは、次に同じような場面になると、「このショートパットも外すかもしれない」という恐怖を感じ始める。

こうした恐怖感が高じると、やがて脳は同じ場面になると、手や腕とつながっている神経回路のスイッチを切ってしまうことがある。結果、50センチのパットさえ打てなくなってしまう。

アメリカでの研究によれば、プロおよびシングルのうち、4分の1から半数にイップスの影響が及んでいるというから、けっして特殊な病気とはいえない。

●1メートルは「入って当然」ではない

アマチュアでイップスになる人は少ないとはいうものの、予備軍ならけっこういる。3メートルは平気なのに、1メートルのパットになるとかなり緊張して、ストロークがぎくしゃくしたり、スクエアにインパクトできないことが多いというゴルファーはイップス予備軍と思っていい。

3メートル以上は平気なのに、1メートルのパットだと緊張するのは、「1メートルは入って当然のパット」だと思うからだ。「入って当然」だと思えば、外したときに「恥ずかしい」と感じたり、「自分はなんて下手なんだ」と自分を責めることになる。

こうしたマイナスの感情は、やがて不安や恐怖へと発展する。そして、最悪の場合、イップスを誘発する。

1メートルのパットは「入って当然」ではない。アメリカPGAのスタッツを見ても、1・2メートル（4フィート）のパットが入る確率は平均で90％。プロでも、10回に1回は1メートルを外しているのである。ましてアマチュアなら、5回に1回くらい外したところで当たり前だと思えばいい。

それでも「外すこと」に恐怖を感じたり、「自分がパットが下手」だと思ってしまうのなら、「自分はロボットではないのだからやむをえない」と考えよう。

ロボットでないわれわれ人間のゴルファーは、最終的には「フィーリング」という極めて曖昧《あいまい》な尺度によってタッチを決め、「見た感じ」でラインを読むしかない。

さらに、ロボットではないわれわれは、ときにはインパクトで思わず手首をこねたり、カップを見てしまうこともある。

われわれのパットは、そういう不確かな要素によって成立している。たとえ1メートルでも毎回入るほうが不思議なほどなのである。

ここで、パッティングの名手、デイブ・ストックトンの言葉を紹介しておこう。彼は、「わたしたちは機械ではないのだから、完璧にできるはずがない」と断ったうえで、こういっている。

「わたしが常にパッティングが得意だと信じてこられたのは、自分を未熟だと思ったことがないからだ。ルーティンを自分のものにしてからは、いつでもそのルーティンができると信じてきた。

本当にできるかどうかは重要ではない。できると信じていることが重要であり、そう信じていたからこそ、結果を気にすることも、微調整をしたりメカニズムについて考えることもなかったのだ。完璧を目指して眠れない夜を過ごすことなど一度もなかった」（『無意識のパッティング』吉田晋治訳・青春出版社）

重要なのは、同じルーティンのなかでタッチとラインを読み、構えるところまでだ。

あとは、余計なことは考えず、しかし、自信だけは持ってストロークする。パッティングの極意とは、案外、こんなことなのである。

Lesson 6

●どんどん巧くなる！

練習法の極意

練習グリーンの速さと距離感を知る

●「最も気持ちのいいストローク」で転がしてみる

ラウンド前の練習グリーン。ここでのパッティング練習の最大の目的は、「グリーンの速さ」を知り、自分の距離感をアジャストさせる、ということにある。

そのためには、グリーンの速さについて、自分なりの基準が必要になるが、それには最初に「もっとも気持ちのいいストローク」をしてみることだ。

「もっとも気持ちのいいストローク」とは、ターゲットを決めずに、あなたがもっとも自然にできるストロークのことをいう。そういうストロークは、あなたにとってひとつしかないはずで、そんなストロークをしたときのボールの転がる距離が、あなたの距離感の基準になる。

ビギナーやラウンドの間が空いて〝基準〟がわからないという人は、何も考えず、ボールの行方も見ないで、3球「もっとも気持ちのいいストローク」でボールを転がしてみよう。

その平均値をとれば、それがあなたの基準と考えていい。

●〝1球目〟に神経を集中させる

「もっとも気持ちのいいストローク」には、ゴルファーが体内時計のように持っているタッチがそのまま現れる。

つまり、練習グリーンで最初に転がすボールには、ゴルファーの感覚と現実のグリーンの速さの違いがもっとも端的《たんてき》に現れるわけで、全神経を集中してその違いをチェックしよう。

まず、できるだけ平らな場所を選んだら、「もっとも気持ちのいいストローク」をしてみる。仮にそのときの距離がふだんなら6メートルなのに、今回は7メートル転がったとすれば、そのグリーンはあなたにとっては「速い」ということになる。つまり、あなたは「6メートルのパットは、5メートル打つつもりで」のように、自分の距離感を修正すればいいわけだ。

人間の感覚というのはじつにデリケートで、「自分のタッチより速い・遅い」という感覚は、最初の1球目でしか実感できない。2球目になると、無意識のうちにグリーンにアジャストさせてしまうため、自分本来のタッチとその日のグリーンの速さが合っているのかどうか、わからないのである。

逆にいえば、自分の基準がちゃんとできているゴルファーは、練習グリーンで1球ボールを転がすことができれば、それだけで最大の目的は達成できるというわけだ。

グリーンの速さをつかむためには、カップを狙う必要はない。グリーンの速さを知るには、あまり踏み固められていないグリーンの端《はし》のほうがいい場合もある。

カップは切ってなくても、コインやティーなどで十分に代用できるのだから、何の不都合もない。

●仲間の「速い・遅い」という感想は無視する

ラウンド中でも練習グリーンでも、パッティングでは他人の意見は無視すべき。ラウンドする仲間が「このグリーン、速いねぇ」などと言ったとしても聞き流すことだ。

相手が上級者だと、つい相手の感想に同調しがちだが、くり返すが「速い、遅い」はゴルファーひとりひとりの主観による。1球目を転がして、あなたが「速い」と思えば、それは「速いグリーン」なのである。

●距離感は、ロングパットからアジャストしていく

グリーンの速さがわかったら、次は自分の距離感とそのグリーンをアジャストさせていくわけだが、それにはまずロングパットから始めることだ。

15メートルがだいたい合ってきたら、10メートル、そして5メートル。

距離感のコントロールというと、パターの振り幅で調節しようとする人が多いが、ヘッドに意識がいくと、手先を使いやすい。

●練習グリーンでつかんでおきたいポイント●

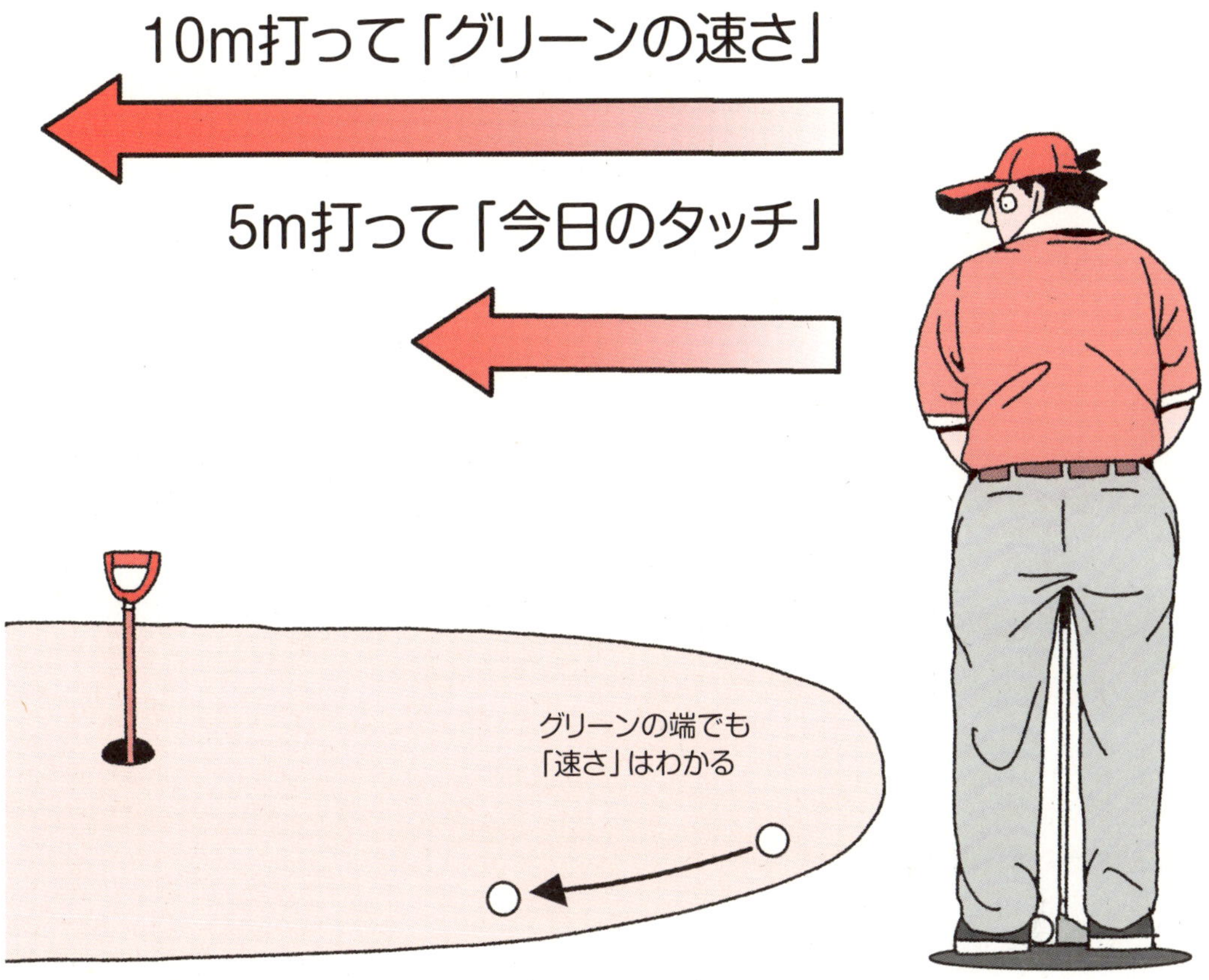

練習グリーンでは「グリーンの速さを知ること」と
「タッチや距離感の基準をつくること」に集中する

結果的にはパターの振り幅で調節するのだとしても、主体となるのはあくまで背中やお腹などの〝大きな筋肉〟。距離感は、手先ではなく、〝身体の中〟からわいてくるようにしたい。

さらに時間があれば、グリーンの端《はし》から端までの超ロングパットも打ってみる。

実際のラウンドで、20メートル以上の超ロングパットになると、まったく距離感が出ず、いわゆる〝ノー感〟でストローク。結果は、大ショートか大オーバーというケースが多いが、これは練習不足のせい。「20メートルの距離感」がそのゴルファーの〝距離感の引き出し〟に入っていなければ、距離感が出せないのも当然の話だろう。

超ロングパットの距離感は「おおよそ」でいい。3パットしてしまうのは、その「おおよそ」すらわかっていないから。超ロングパットでは、「おおよそ」がわかっているだけでも、心強いものだ。

ちなみに、グリーンの端から端まで使うような超ロングパットの練習は、混雑する朝の練習グリーンでは、ちょっと難しいかもしれない。

そうであれば、ラウンド後、人のいない練習グリーンでやってみることをおすすめする。その日のラウンドには間に合わないけれど、次回からのラウンドにはかならず役立ってくれるはずだ。

練習グリーンでの仕上げ

●練習グリーンでも「本番のつもり」で打つ●

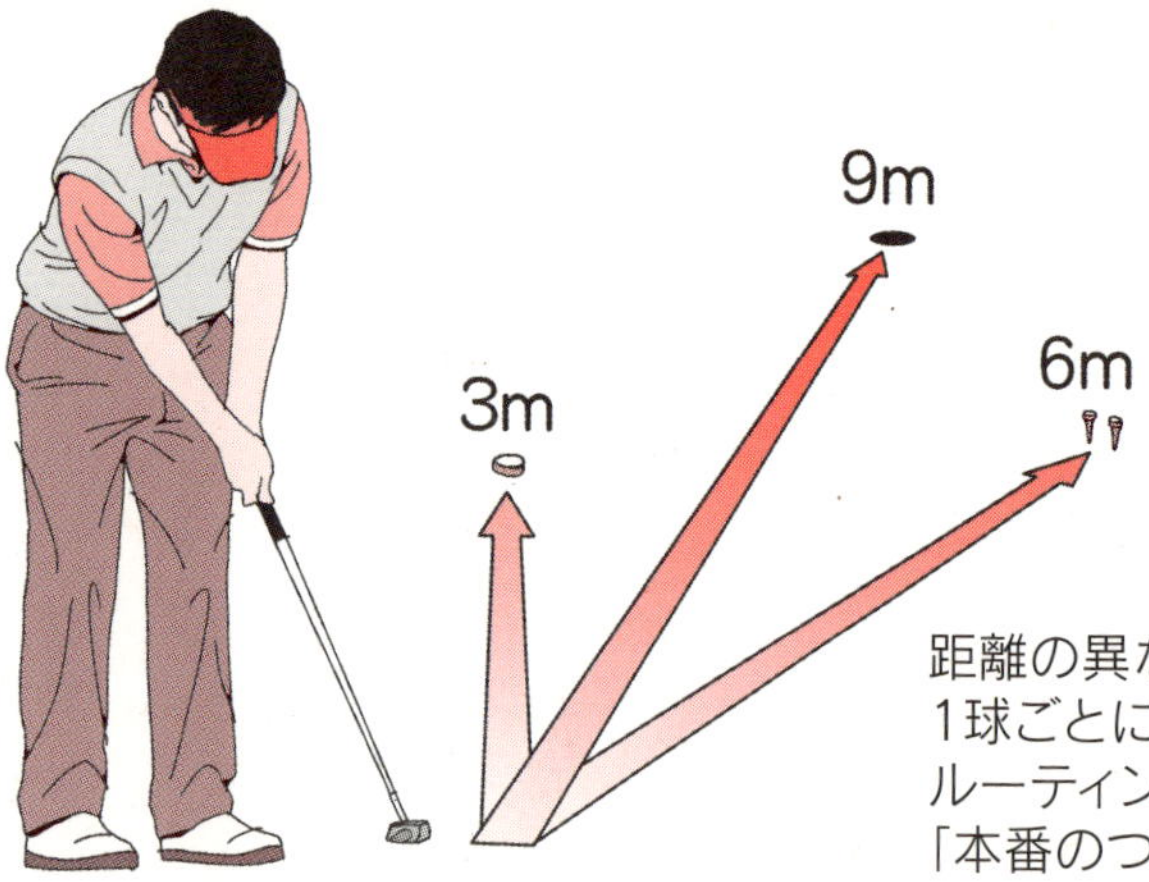

距離の異なる目標を設定し、
1球ごとにターゲットを変え、
ルーティンを守りながら
「本番のつもり」で練習しよう

●カップの同心円上からストロークする

グリーンの速さと自分の距離感がアジャストできるようになってきたら、最後は本番を想定したショートパットの練習である。

距離は、セカンドパットの距離、アプローチをして残るであろう距離。つまり、1～5メートルまでだ。これらの距離を、上り、下り、スライスライン、フックラインなど、今度はカップを狙って打ち、傾斜による微妙な切れ具合をチェックしつつ、タッチの精度を高めていこう。

練習グリーンが混雑していなければ、カップの同心円上にボールを並べて打ってみてもいい。

●練習グリーンで使うボールは1個でもいい

練習グリーンではボールを3個使う人が多いが、3個である必要はない。場合によっては、もっと使ったほうがいい練習もあれば、1個でいい練習もある。

たとえば、「ビジョン54」で知られるスウェーデンのナショナルチームでは、ボールを何個使うかは自由だが、かならず1個のボールをカップインさせるまで打つよう指導しているという。

3個のボールを連続して打つと、どうしても狙いやストロークが雑になる。しかし、たとえ練習でも、ボールが1個しかないと集中力が格段に増すというわけだ。

●ショートパットの練習では、ターゲットを小さく

前に、練習グリーンでのターゲットはティーやコインで十分という話をしたが、「カップよりティーのほうがいい」というのは、ジャック・ニクラスだ。

彼は、いわゆる「入れごろ、外しごろ」のパットの練習をするときは、ティーをターゲットにしたという。なぜなら、ティーのような小さなものをターゲットにして練習しておくと、実際のグリーンでカップを狙うとき、カップが大きく見えるからだ。

ショートパットのターゲットは小さいほうがいい。練習グリーンでティーのような小さなターゲットで練習しておくことは、実際のラウンドでのショートパットの格好のリハーサルにもなってくれるはずだ。

●練習グリーンでもルーティンを守る

本番を想定した練習では、プレパット・ルーティンも守ったほうがいい。

パットの名手ブラッド・ファクソンは、練習グリーンで1メートルのパットを練習するときでも、1球1球、ボールの後ろに立つ→ラインを確認する→構えをつくる→ストロークする、というルーティンを実行しているという。

アドレスもグリップも変えないまま、パターでボールを引き寄せ、力加減だけを変えて、次々にボールを打つ。これで練習したつもり

●スタートする前の確認事項●

空いている場所にティーを刺し、距離やラインを変えて2球ずつ転がし、グリーンの速さと曲がり具合がイメージどおりか確認

仕上げはカップの周りをひと回りしながら「絶対に入る距離」を連続して沈める。自信を持って本番に向かおう

になっているアマチュアゴルファーは少なくないが、ほとんど意味がない。いうまでもなく、ゴルフではパットでもショットでも、やり直しがきかないからだ。

●最後に1メートルを連続してカップインさせる

練習グリーンでの練習もそろそろ終わりとなったら、最後はショートパットを連続してカップインさせてから、スタートホールに向かおう。距離は、50センチから1・5メートルくらいまで、その人のレベルに応じて、「まず外さない距離」にする。

平らな部分に切ってあるカップを選び、ラインはストレートに設定。もし、カップまわりの芝が荒れているようなら、グリーンの端にティーを立てて、それをカップに見立ててもいい。

この練習のポイントは、連続してカップインさせることで、カップインの感触を味わい、「よし、今日は1メートルは外さない。オレはパットが上手いのだ」と自惚《うぬぼ》れることにある。それには、自信を持ってカップインできるやさしいラインのショートパットを入れるのが一番なのだ。

ただし、3球打って、1球でも外れたら、イヤなイメージが残るから、最初からやり直す。それでも失敗したときは、距離をもっと短くする。50センチなら、3連続カップインなど、すぐに達成できるはずだ。

ストロークがよくなる練習①

●ロングパットとショートパットを交互に打つ

ここからは、パッティングのさまざまな弱点を矯正《きょうせい》する「テーマのある練習」を紹介していく。本番前の練習グリーンより、ラウンド後など、比較的、時間に余裕があるときに行なうことをおすすめする。

まずは、正しい軌道でスムーズなストロークができるようになるための練習法だ。

パッティングのストロークで大切なのはリズムとテンポだ。

理想的なリズムは2拍子。どんな距離でも「1」でパターを引いて、「2」でインパクトする。どんな距離でも、この2拍子を同じテンポでストロークできれば、距離感もそれほど狂わない。

ところが、背中などの〝大きな筋肉〟ではなく、手先だけでパッティングしようとする人は、ロングパットではインパクトで力を入れようとして、ダウンストロークで急にテンポが速くなったり、ショートパットだと、そ～っと当てようとしてテンポが遅くなったりする。

あるいは、ロングパットだと必要以上にゆったりと振ってテンポが遅くなり、ショートパットだとせっかちにストロークしてテンポが速くなるという人もいる。

距離によってリズムやテンポが変わってしまう悪いクセのある人は、こんな練習法がいい。ターゲットを1メートル先と10メートル先の2か所、設定する（ティーを刺しておけばいい）。ラインはボールが当たらない程度に少しズラす。そして、このふたつの距離を交互に打つ。

この練習のポイントは、どちらも同じリズムとテンポでストロークすることにある。1球打ったらアドレスを整えるが、できるだけ間《ま》をあけないようにする。

ボールを6個用意して、ショートとロングを交互に3球ずつ。これを1セットとして3セットもやれば、自然にストロークのリズムとテンポが一定になってくるはずだ。

●連続して10球ストロークする

ストロークのリズムとテンポを安定させるためには、こんな練習法もある。

ボールを10個ほど10センチ間隔で一直線に並べ、間をあけないで連続して打つ。ストロークの大きさは同じだが、実際に転がる距離や方向はあまり考えなくていい。

この練習の目的は、連続してストロークすることで、自分にとってもっとも快適なストロークのリズムとテンポを見つけること。リズムとテンポが一定になれば、間をおかずにストロークしても、つねにパターの芯でボールをとらえられるようになっているはずだ。

●ストロークのリズムを安定させる練習法●

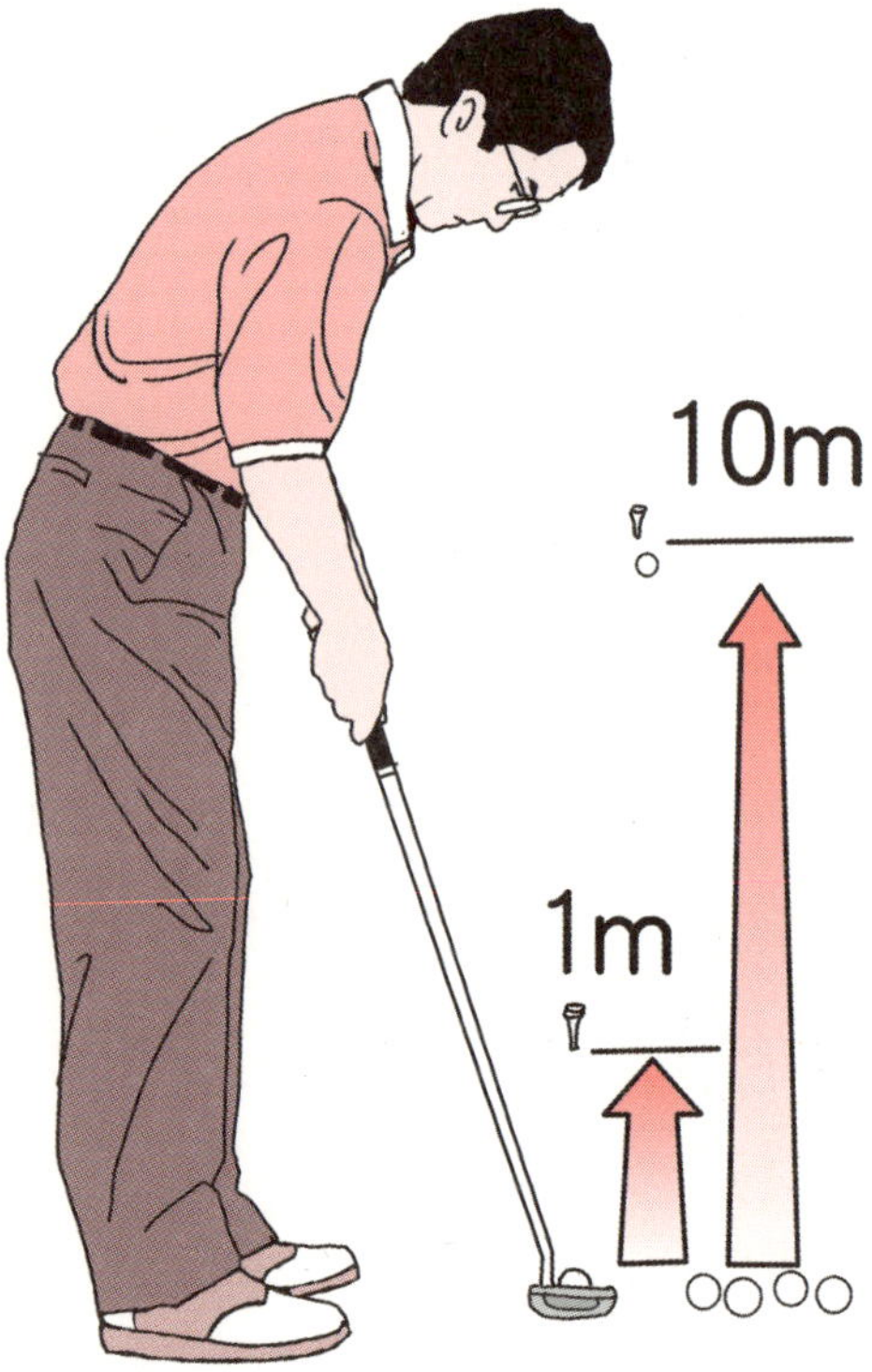

ターゲットを近く（1メートル）と遠く（10メートル）に設定し、この目標に向かって交互に、同じリズムとテンポでストロークする

●パターの軌道を安定させる「素振り」●

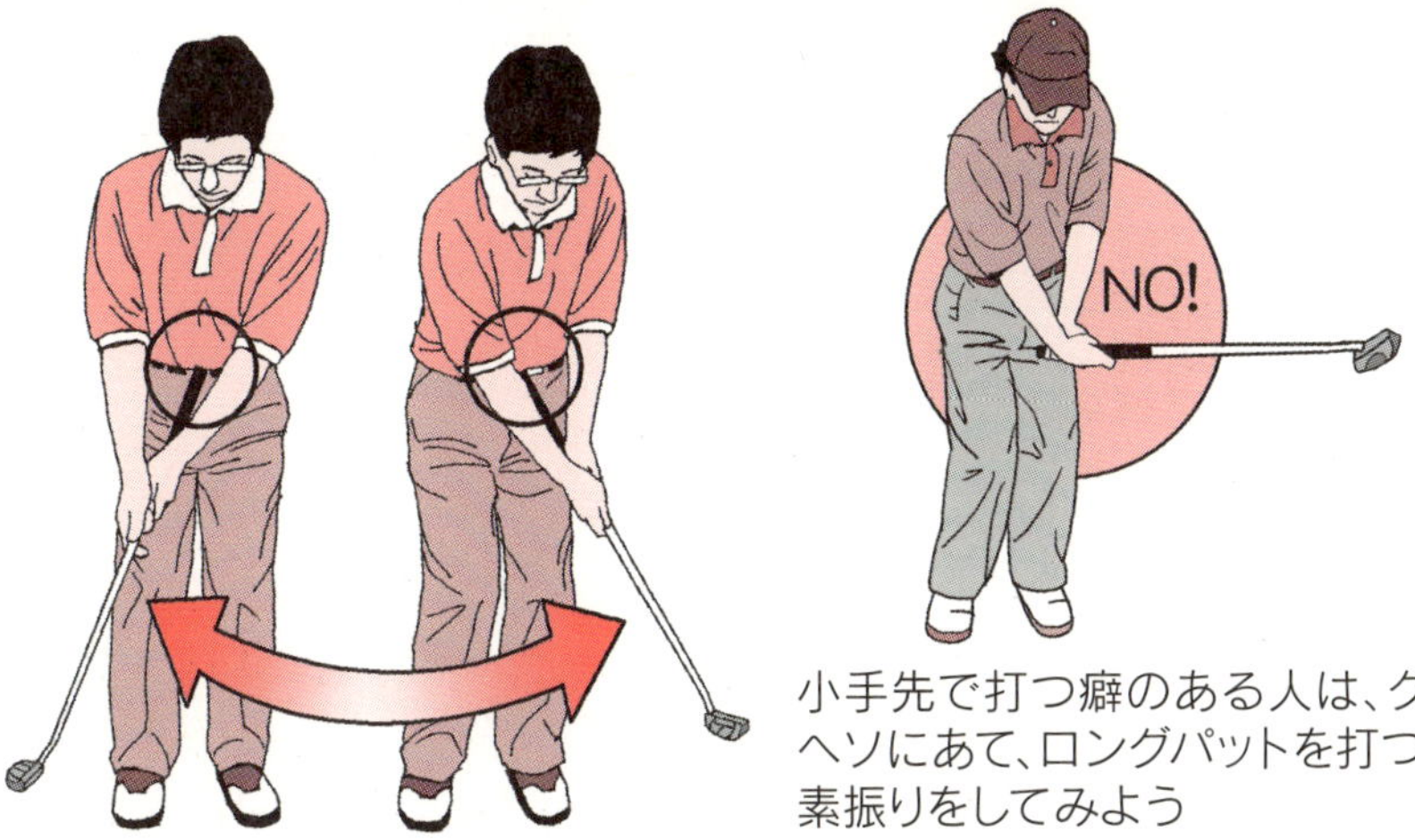

小手先で打つ癖のある人は、グリップエンドをヘソにあて、ロングパットを打つようなつもりで素振りをしてみよう

●「上り1カップフックライン」をくり返し打つ

パッティングの構えを安定させ、なおかつストロークをよくするには、「基本のライン」をくり返し打つことだ。

中嶋常幸プロによれば、基本のラインは「軽い上りのストレート、1カップフックライン」だという（『40歳にしてわかる「理にかなう」ゴルフ』講談社）。

理由は、このラインは「手をしっかり出していかなくては入らないパットだから」。下りのスライスはボールに触れただけでもラインに乗りさえすれば入ることがあるけれど、上りのストレートやフックは、しっかりストロークしないと入らない。だから、パッティングのストロークをよくするためには、「軽い上りのストレート、1カップフックライン」がベストというわけである。

ストレートだけでなく1カップフックラインも織り交ぜるのは、フックラインはカップの入り口が右サイドになり、それだけ狙いどころが狭くなるから。そういうラインも打てば練習が飽きないし、また、より実践的というわけである。

●グリップエンドをヘソにあてがって素振りをする

パッティングのストロークで小手先を使ってしまう人は、パターのグリップエンドをヘソにあてがって素振りをしてみよう。

グリップの先端もしくはシャフトの部分を握ったら、ふだん通りに構える。当然、パターのヘッドは宙に浮くが、そのままロングパットを打つようなつもりでストロークしてみる。

この素振りでは、グリップエンドが固定されているため、小手先は使えない。必然的に背中などの〝大きな筋肉〟を使うことになり、それだけストロークが安定してくる。さらに、グリップエンドがストロークの支点になるため、構えのときにつくった両腕と肩の三角形（五角形）も崩れにくくなる。

大きな筋肉を使う感覚と、三角形が崩れないようストロークする感覚がつかめてきたら、ふつうにストロークしてみる。

ポイントは、ふつうのストロークでもパターのグリップエンドをヘソにあてがっているイメージを持つこと。

グリップエンドはストロークの支点——そんな感覚がつかめてきたら、ストローク中のムダな動きが減り、パターの軌道もずっと安定してくるはずだ。

●〝バックストロークなし〟でストロークする

ショートパットになると、オーバーを恐れて、インパクトを緩《ゆる》めたり、フォローが出ない人。あるいは、インパクト後、ボールをこすり上げるようにしてヘッドを持ち上げてしまう人も、ボールの転がりが不安定になり、ショートパットをミスしやすいはずだ。

●方向性を安定させる「素振り」●

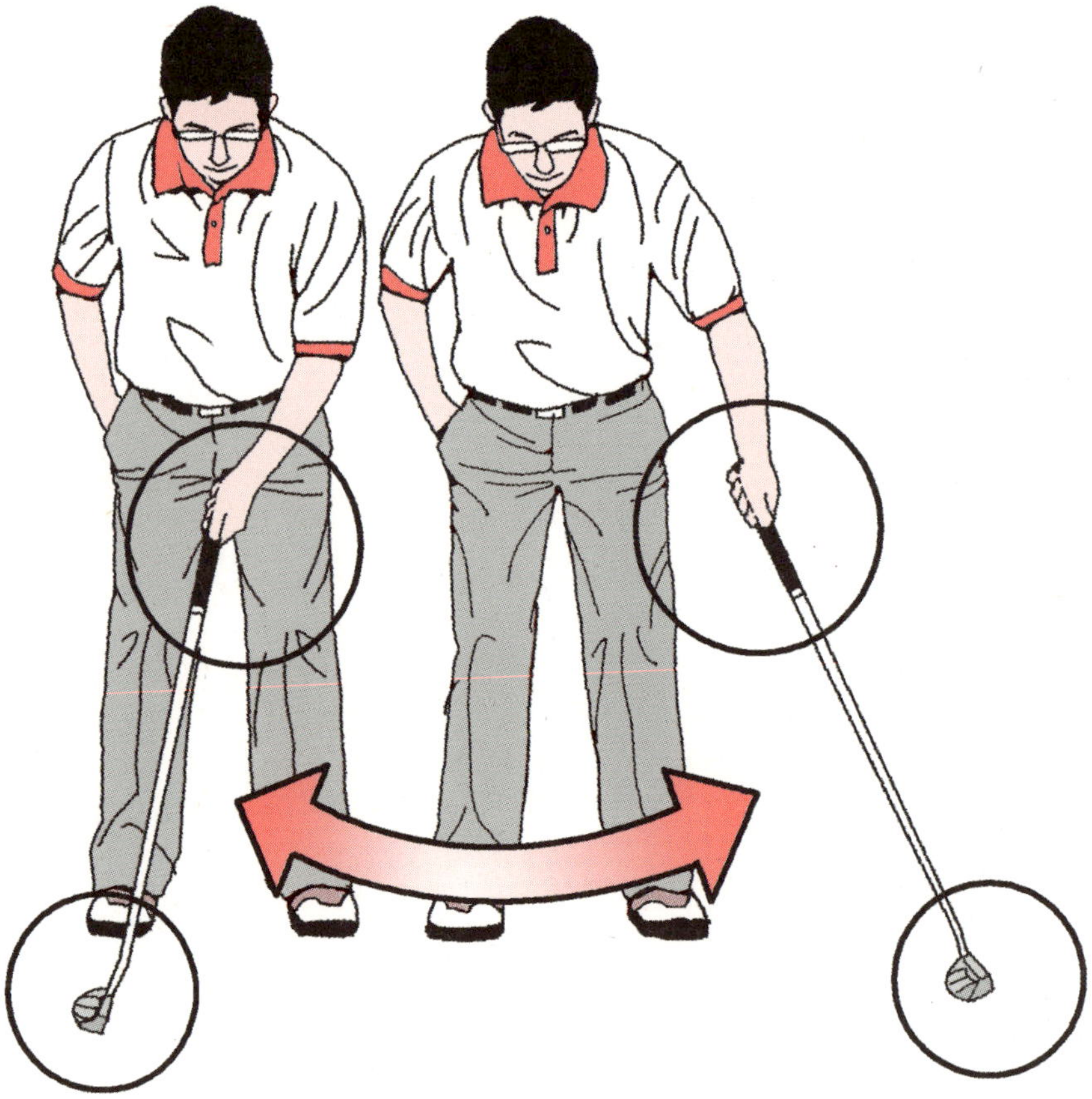

方向性に問題のある人は、「左手一本」でストロークしてみる。左手首と甲の角度を変えないように意識することで、フェイスの向きも一定になる

そんな人は、〝バックストロークなし〟、つまりパターのヘッドをボールの後ろにあてがったら、バックストロークを一切せず、そのままヘッドを低く前に押し出してボールを転がす練習をしてみるといい。

ターゲットまでの距離は1メートル。

ショートパットのカギは、フォローでもパターのヘッドをターゲットに対してできるだけスクエアに保ちながら前に押し出すことにあるが、この練習では、結果を見れば、それができたかどうかがすぐにわかる。

●左手1本でストロークすると、方向性がよくなる

パッティングにおいて左手甲は、パターフェイスの向きと同じであるべき。ストローク中に左手甲の向きが変わってしまえば、ボールは狙った方向に転がってくれない。

そこで、こんな練習もある。左手1本でストロークしてみるのだ。

パターを左手1本で持ち、あくまでフェイスの向きを変えないようにストロークしようとすれば、左手首の角度をキープしながら身体と腕を一体化させてストロークするしかない。つまり、必然的に〝大きな筋肉〟を使うことになり、方向性がぐっと安定してくる。

ターゲットまでの距離は2～3メートルでいい。手先でボールをパチンとヒットするのではなく、あくまでストロークでボールを狙った方向に押し出すイメージを大切に！

ストロークがよくなる練習②

●〝ティーのゲート〟を通過させる

ターゲットに対してパターのフェイスをスクエアにセットしたら、ヘッドのトゥ側（先端）とヒール側（手前）にティーを刺す。そして、その〝ゲート〟をパターヘッドがティーに触れないで通過するようストロークする。

ショートパットは、スクエアにインパクトしたら、そのままパターヘッドをターゲット方向に真《ま》っ直《す》ぐ出すのがコツ。つまり、スクエアな〝ゲート〟をつくり、そこをパターヘッドが通過するようストロークすれば、自然にスクエアなインパクトとフォローがとれるようになるというわけだ。

ゲートに触れないようにするためには、ヘッドの軌道が少しでもブレてはダメ。つまり、この練習には、パターの芯でボールをとらえるという効果もある。最初はゲートの幅を広めにしておき、だんだん狭くしていくといい。

●2個のボールを同時に打つ

2個のボールをパターヘッドのトゥ側とヒール側に置き、同時に打つ。

フェイス面がスクエアに保たれたままヒットできれば、2個のボールは同時に真っ直ぐに転がる。しかし、ストロークの軌道が狂っていたり、手首を使ったりして少しでもフェイスの向きが斜めになっていると、どちらかのボールが先に転がり始め、転がる方向も違ってくる。

トゥ側のボールが先に転がるのなら、インパクトのときフェイスが左に向いている証拠で、引っかけているし、ヒール側のボールが先に転がるのなら、フェイスが右に向いており、押し出している。

この練習で自分の悪いクセが発見できれば、

●悪癖を自覚できる練習法●

ティーのゲートを通過させる

少しでもヘッドの軌道がブレると、ゲートに触れてしまう。最初はゲートを広めに設定し、じょじょに狭めていくといい

2個のボールを打つ

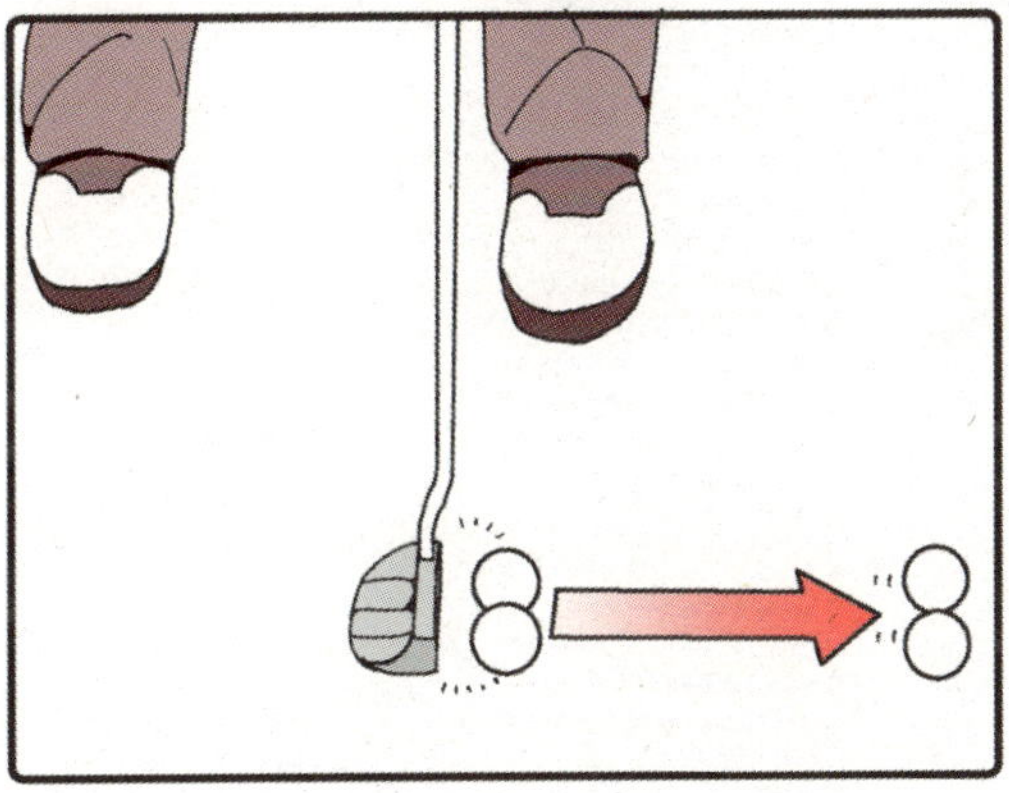

フェイスがスクエアにヒットすれば、2つのボールは同時に真っ直ぐ転がる。「引っかける」「押し出す」といったクセがひと目でわかる

正しいストロークを身につけるきっかけになる。本書の「アドレス」や「ストローク」の章を読んで、欠点をチェックしてほしい。

●右手1本でストロークする

現役時代のアニカ・ソレンスタムは、スタート前に次のようなパッティングの練習をしていたという（『54プレゼンツ』より）。

まず、いいストロークをすることだけを考えて、1メートルの距離を右手だけで50〜100球打つ。次に、カップから2メートル、3・5メートル、5メートルの同じライン上のパットを各1球。これをカップのまわりに円を描くように進んでいき、6つのラインからパッティングする（3球×6つのラインで合計18球）。これを1セットとして、何セットかくり返したら、最後にロングパットの練習をするというものである。

スタート前の練習としてはかなり長いが、右手の練習を念入りにやる理由は、「右手はパットの主体になる手」であり、「ストロークのスピードをコントロールする」役目があるからだという。

ストロークの主体を右手だと考えると、背中などの〝大きな筋肉〟を使うことを忘れがちになるが、〝ゴルフの女王〟がこの練習で勝ってきたのは紛《まぎ》れもない事実。取り入れるかどうかは、あなたが決めていただきたい。

●ストロークを安定させる練習法●

クラブを両脇に挟んでストロークをすると肩の回転と腕の振りが同調する

●ヘッドアップを防止する練習

パッティングでヘッドアップすれば、たいていボールはカップの右を通りすぎる。インパクト後もボールがあったところを見続けることを習慣づけるためには、次のような練習がいい。

ボールのすぐ後ろ（右側）にティーを深く刺し、1〜2ミリ程度、頭を出しておく。そして、ティーの頭にヘッドが触れないようにストロークするという練習である。

ポイントは、ボールをヒットしたあとも、ティーの頭を見続けること。本番のパッティングでは、ボールをヒットしたあとに〝見続ける対象〟がないため、ヘッドアップしがちだが、ティーという見続けられる具体的な対象があれば、ヘッドアップしづらくなるというわけだ。

ティーの頭に触れないようにストロークするのは、ダフリ防止だけでなく、ヘッドの芯でボールをヒットするため。ボールをヘッドの芯でヒットしたとき、芝面とソールの間隔は3ミリほどだが、ティーの頭に触れずにヒ

●ヘッドアップを防ぐ練習法●

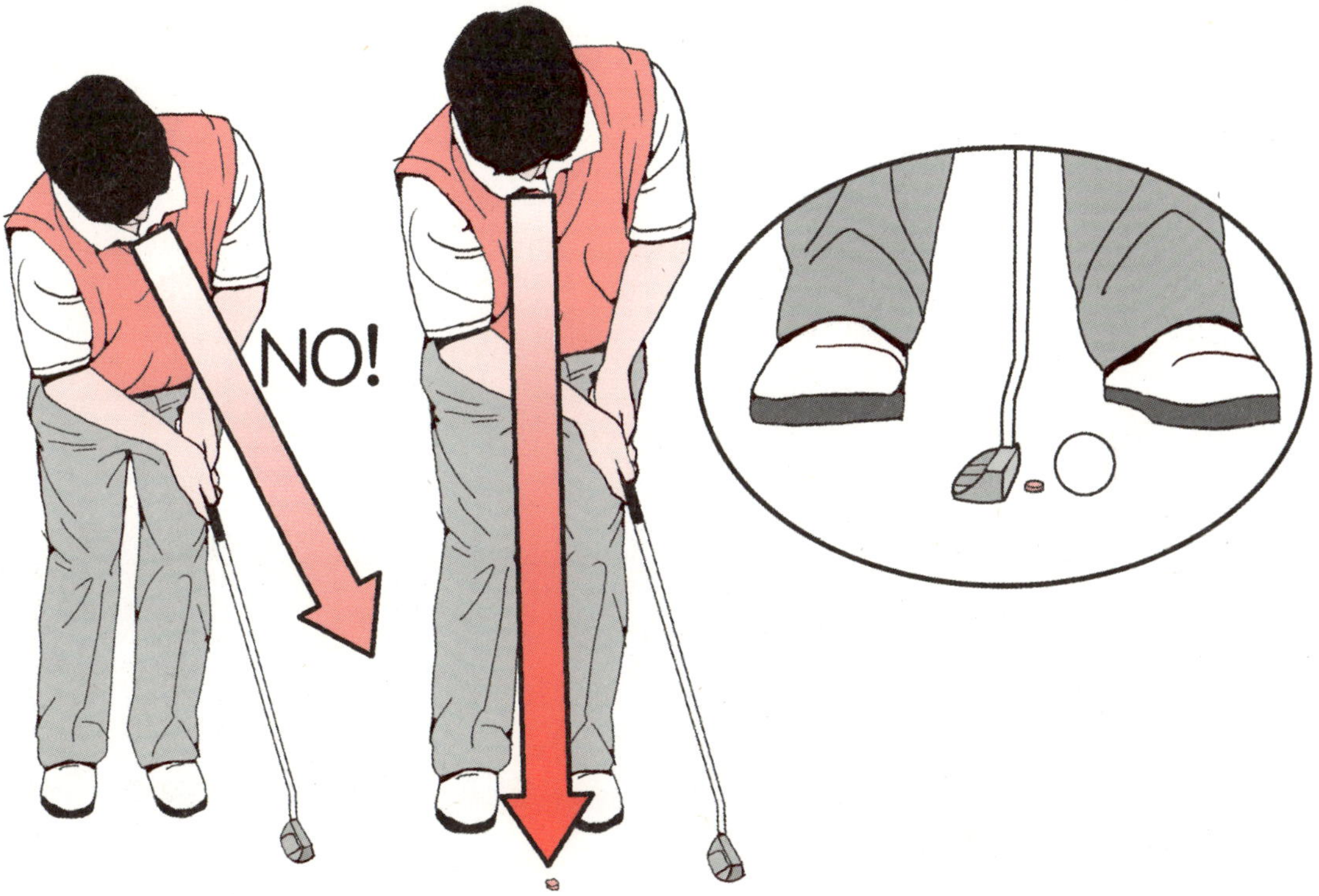

ボールをヒットしたあとも、ティーを見続けることがポイント。
「パターの芯でボールをヒットする練習」としても有効だ

ットできれば、パターの芯でボールをとらえる確率が高くなるというわけだ。

ただし、ティーに触れないことを意識するあまり、トップ気味にヒットしてはダメ。ティーに触れるか触れないかの高さでヘッドを通過させることができるよう練習してほしい。

●左目を閉じてストロークする

パッティングでヘッドアップするのは、ボールがカップインするかどうか、結果が気になるから。ボールを目で追っていいのは、インパクトしてひと呼吸おいてからだ。

理屈としては、頭さえ動かなければインパクトの瞬間からボールを目で追ってもいいのだが、インパクトしてしばらくはボールのあったところを見続けるという意識がないと、まずヘッドアップしてしまうのが人間なのである。

そこで、タイガー・ウッズは、こんな練習を取り入れている。それは、左目を閉じたままストロークするというもの。こうすると、左側の視野が狭くなるため、ターゲット方向が見づらくなる。それだけ、ボールだけを見下ろすことに専念できるというわけだ。

おそらく、タイガーの利《き》き目は右目なのだろう。パッティングでは利き目でボールを見ることが大切といわれるが、利き目が右の人（右利きの人に多い）は、その意味でもこの方法は理にかなっているわけだ。

距離感をつくる練習

●自分の〝距離感を出すスタイル〟を知る

　これまで、本書では、身体の大きな筋肉を使った振り子式のストロークをすすめてきた。手首を使わず、あくまでストロークの振り幅で距離感を出すやり方である。

　しかし、パッティングにはこれしかないという決まりはない。ゴルファーによっては、インパクトの力加減で距離感を出す人もいるし、ストロークの振り幅とインパクトの力加減を微妙にミックスして距離感を出している人もいる。

　要は、結果として自分がイメージした距離が打てさえすれば、その方法はその人にとってベストなのだ。

　自分のスタイルなどこれまで意識したことがないという人は、振り幅と力加減のふたつの方法で、次のことを試してみてほしい。

　最初に2メートル、4メートル、6メートル……のように、10メートルになるまで2メートルずつ距離を伸ばしてパッティングし、次に10メートル、8メートル、6メートル……のように、2メートルずつ距離を縮めてパッティングしてみる。

　距離が合いやすい方法が、あなたが本来的に持っているスタイルである。

●同じ距離をくり返し打ち、本物の基準をつくる

　この章の最初に、練習グリーンでは、「もっとも気持ちのいいストローク」を基準にして、グリーンの速さを測るという話をした。3球打って、その平均値が基準になるともいったが、これはいわば応急処置。本当は、何十球、何百球とくり返しストロークしないと、ホンモノの基準はできないものだ。

　ラウンド後の練習グリーンは、そんな練習をするためにこそある。

　平らな面を選び、ターゲットを設定せずに、何度も気持ちよくストロークしてみよう。何球も打っているうちに、しだいに同じような距離にボールが止まるようになれば、それがあなたのホンモノの基準になる。

　ホンモノの基準があれば、どんなコースに行っても、2～3球打てば、グリーンの速さがわかる。これはゴルファーにとって、大変な武器になることはいうまでもない。

●距離を唱えながら、ストロークする

　あなたの基準の距離が5メートルだとした場合、10メートルはその2倍、7メートルはその1・4倍のタッチでストロークすればいいということになる。

　とはいえ、最初のうちは、1・4倍とは思っても、なかなかイメージは出てこないもの。距離のモノサシは、ひとつだけでなく、いくつかあるに越したことはないのだ。

　そこで、こんな練習をしてみる。

　パッティングの距離を2メートル、4メートル、6メートルと、2メートル刻みで伸ばしていき、10メートルまでいったら、今度は8メートル、6メートル……と、2メートルずつ距離を短くして打つ。

　ここまでは前に紹介した練習法と同じだが、さらに、心のなかでこれから打とうとしている距離を唱えるのだ。この練習を何度もくり返すうちに、たとえば「6メートル」とイメージすれば、身体も6メートルを打つ構えができるようになるはず。

　いわばパッティング版〝パブロフの犬〟のようなものだが、2メートル単位で距離が自在に打ち分けられるようになれば、すべてのパットは、カップを中心とした半径1メートルの円のなかに収まるというわけだ。

●ターゲットを見ながらストロークする

　ベテランのシングルプレイヤーのなかには、パッティングの際、カップまでの距離をいちいち歩測しない人がいる。傾斜とラインを確認したら、さっと打ってしまうのだ。それでいて距離感にほとんど狂いがない。

　そういうゴルファーは、いわゆる〝目カン〟がいいのだ。〝目カン〟とは、カップまでの距

●距離を唱えながらストロークする●

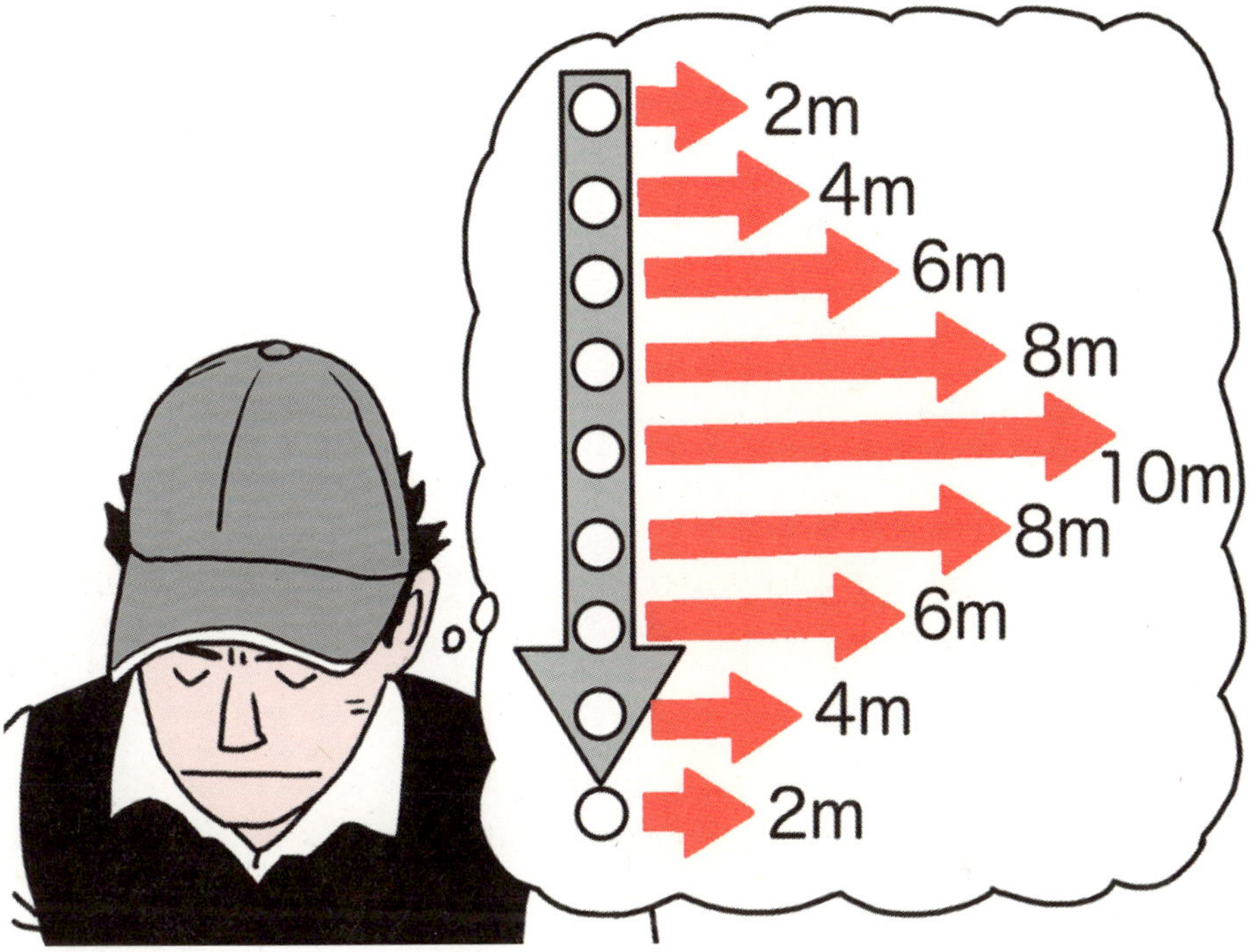

ターゲットを2メートルずつ伸び縮みさせながら、
心のなかで打つべき距離を唱えて打つ

離をざっと見ただけで判断し、それに見合うストロークができる能力といえばいいか。〝目カン〟を養うためには、ボールではなく、ターゲットを見ながらストロークする練習をしてみよう。本番では怖くてできないものだが、ターゲットを見ながらストロークするのは、野球の投手が捕手のミットを目がけてボールを投げるのと同じ。じつは、極めて自然なやり方なのである。

構えが正しければ、ちゃんとボールはヒットできる。ターゲットを見ながらストロークすれば、自然に〝目カン〟が養われるはずだ。

●パッティングの結果を予想する

ロングパットを打ったら、下を向いたまま（絶対にカップを見ないで）、その〝結果〟を予想する練習である。

つまり、ストロークしたら、そのときの感触とボールの打ち出し方向をもとに、

「カップの手前、1メートル、ショート」
「カップの右50センチ」
「カップイン！」

などとつぶやいてみよう。

結果を正確に予想するためには、あなたのなかにほぼ完璧な距離の物差しがあり、なおかつライン通りに打てたかどうか判断する能力がなければならない。予想がかなり当たるようになったら、あなたのパッティングの腕前は十分にシングル級といえる。

曲がるラインの練習

●強めのパットとジャストタッチのパットをくり返す

曲がるラインの場合、カップの入り口はひとつとは限らない。

たとえば3メートルの、ふつうに打てばカップひとつ分スライスするラインには、

①カップの向こう側の縁《へり》に当たって入るような、しっかりヒットしたときの入り口（カップのほぼ正面）。

②ふつうにストロークしたときの入り口（カップの正面やや左）。

③最後のひと転がりで入るようなタッチのときの入り口（カップの左）。

の3つがある。この3つの入り口を狙って、タッチとボールの打ち出し方向を変えながら順番に打ってみよう。知らず知らずのうちに、微妙な距離感が身につき、タッチとボールの切れ具合の関係もわかってくるはずだ。

●曲がるラインの練習法●

「曲がりの頂点」にティーでゲートをつくり、通過させる

●曲がるラインをイメージする練習

プロはラインを読むとき、よく曲がりの頂点（ブレイクポイント）あたりをパターで指すことがある。

そのとき彼は、どの方向に真っ直ぐ打ち出せばその頂点を通過し、最終的にラインに乗ってカップインするか、ということをイメージしている。

練習グリーンで、曲がるラインの練習をするときは、真っ直ぐ打ち出したときに通過するはずのブレイクポイントに2本のティーでゲートをつくり、そこを通過させる練習をしてみよう。

グリーンの速さ、傾斜、ボールの打ち出し方向（スパット）、ブレイクポイント……大きく曲がるラインはこれらの読みが正確で、なおかつタッチも合わせなければならないが、本番ではたった1回しか挑戦できない。

しかし、練習グリーンでなら、何度も打ち直すことができる。

これが練習グリーンのよさ。練習を重ねるうちに、だんだんこの複雑な方程式の解き方がわかるようになるはずである。

自宅でできる練習法

●パターの芯でボールを打つ練習

自宅でパッティングの練習をする場合、おすすめなのが、パターの芯でボールをヒットする練習だ。

ひとつは、パターのフェイスにイラストのように短く切った割り箸《ばし》をテープで貼りつけてストロークする。パターの芯を少しでも外すと、割り箸がボールに当たるので、真っ直ぐ転がらない。

もうひとつは、ボールの赤道部分に油性ペンで線を引き、それを転がすというもの。芯をヒットしたボールは順回転するが、ボールの赤道部分に線が引いてあれば、順回転しているかどうか→芯で打てたかどうかがひと目でわかる。

●鏡の前でストロークする

鏡で自分のフォームをチェックするのは、スイングだけでなくパッティングにも有効。

＊両腕と肩のつくる三角形（五角形）は崩れていないか
＊手首を使っていないか
＊構えが窮屈《きゅうくつ》すぎないか

など、ラウンド中はなかなか気づかない悪いクセやストロークの狂いがチェックできる。

●自宅でできる練習法●

パターの芯で打つ練習

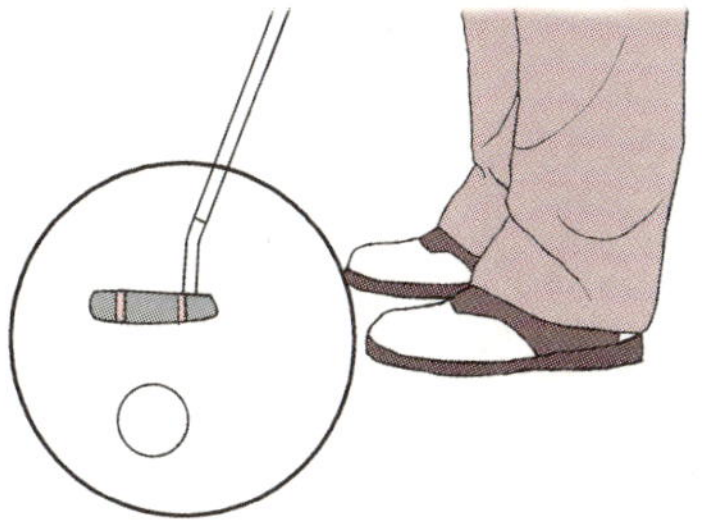

ボール1個分ぐらいの間隔で、割り箸をフェイスに貼り付ける

ヘッドアップを防ぐ練習

部屋などで、壁に頭をつけてストロークをくり返す

●壁に頭をつけてストロークする

壁に頭をつけてストロークする。ヘッドアップが防止できるだけでなく、支点が動かないので、ストロークの軸ができる。

●集中力と感性を養う練習

パッティングでもっとも大切なのは距離感。ここでは、かつて石川遼が自宅のカーペットで実践していた方法を紹介する（『石川遼のゴルフ上達日記』ゴルフダイジェスト社）。

①壁から1メートルのところにペットボトルを置く。②1球目は、壁とペットボトルの間に止まれば成功。③2球目は、1球目のボールとペットボトルの間に止まれば成功。以下、同じように、前のボールとペットボトルの間を狙って、失敗するまで続ける。

1球でも多くボールを止めるためには、1打目を壁ギリギリに止めて、ペットボトルとの間隔をできるだけあけておき、2打目はできるだけ前のボールに近づけなければならない。

このゲームには、かなりの集中力と微妙な距離を打ち分ける感性が必要。集中力と感性はパッティングの命だ。このふたつはカーペットの上でも磨《みが》くことができるというわけだ。

おわりに

これまで紹介してきたさまざまなテクニックや
ヒントのなかで、ひとつでもひらめくものがあったら、
是非、次のラウンドや練習で試してみてほしい。
また、今後パッティングについて新たな悩みが
生まれたときも、この本のなかに答えがあるはずだ。
本書があなたのパッティングを上達させる
一助となることを切に願っている。

※本書は、『パターが劇的に入る本』を〈イラスト図解版〉として加筆・再編集したものです。

ライフ・エキスパート

さまざまな悩みを抱える現代人。その日常全般に鋭いメスを入れ、心身ともに充実した人生を送るための有効なノウハウを探究し、提唱している頭脳集団である。著書には、累計90万部を突破したゴルフ本シリーズ『ゴルフ ミス・ショットが驚くほどなくなる本』『ゴルフは科学でうまくなる』『頭がいいゴルファー悪いゴルファー』『ゴルフ 確実にうまくなる練習 やってもムダな練習』『ゴルフ 本当のスイングでナイスショットを連発する本』『ドライバー 飛んで曲がらない確実な打ち方』『アプローチ きちっと寄る絶対法則』『ゴルフ 10打縮まる心のつくり方』『ゴルフ すぐ武器になる最強のヒント』(いずれも小社刊)など多数。

イラスト図解版

パターが
劇的に入る本

2017年3月5日　初版発行

著者——ライフ・エキスパート[編]

企画・編集——株式会社夢の設計社
東京都新宿区山吹町261
〒162-0801
TEL(03)3267-7851(編集)

発行者——小野寺優
発行所——株式会社河出書房新社
東京都渋谷区千駄ヶ谷2-32-2
〒151-0051
TEL(03)3404-1201(営業)
http://www.kawade.co.jp/

デザイン——スタジオ・ファム
カバー写真——PNC/
Getty Images
本文イラスト——渡辺隆司
協力——エディターズワーク

DTP——アルファヴィル
印刷・製本——中央精版印刷株式会社

Printed in Japan ISBN978-4-309-27829-2